Vision

一些人物，
一些視野，
一些觀點，
與一個全新的遠景！

林裕盛

【業務天王 & 保險戰神】

千萬業務30年的
必勝信念

奪標

奪標——林裕盛拒絕了王永慶，變成千萬業務員！

人壽保險是需要時間沉澱的美麗行業，
不可操之過急。
我們願意相信道德、汗水、勇氣和堅持，
終能換得美好。

《奪標》新序

除了出人頭地，我們別無選擇！

保險業是一個需要時間沉澱的偉大行業。
有理想的地方，地獄就是天堂；有希望的地方，痛苦也成歡樂。
任何夠努力的人都可以在這裡擁抱希望，
但我們還必須堅持得夠久，才能實現理想！

《奪標》初稿寫於一九九二年，我進入保險業的第十年。
一九九五年初版問世，當時熱銷五萬本，為保險業勵志書類第一名。

《奪標》新序

除了出人頭地，我們別無選擇！

二〇〇二年，平安出版社再次發行。

二〇一七年，寶瓶文化應廣大讀者殷殷期盼，歷經四分之一世紀，重新問世。

我們都很明白人壽保險事業的四大困難：隱晦不明的人際關係、應對進退、無數的拒絕與難以承受的人情冷暖。《奪標》的價值，就在於透過一個又一個的案例，為大家呈現並詳細解析了如何處理這四座山。

我們同時也明白，沒有這些困難就彰顯不出我們這個行業的價值！畢竟，人壽保險事業的魅力與挑戰就在於它的困難，有能力去克服，我們也才有相對的高收入。老天爺是公平的，不是嗎？

在新版《雙贏》的前言中，我闡述了成功三要素。

1.正確觀念

《英雄同路》一書有整套綿密的邏輯推演。偉大的人壽保險事業，為什麼大家不來做、做不來、做不久？「成交的當下到底誰賺得多？客戶還是我們？」釐清了這個思維，新人就可大步向前——客戶就怕你一直去嘛！拿錢放人或者搬家走人，他只能選一條路，哈哈！

業務員沒有累疊的獎杯，就像武俠片裡沒有刀光劍影一樣的索然無味。

2.找到方法

《奪標》和《雙贏》詳細解說了推銷、增員的實際做法。

3.嚴格執行

世上只有少數人是天生贏家。大多數成功的人，是因為他們下了非贏不可的決心，而「自律」二字，絕對是決心的表徵！我們從沒見過沒有嚴格自我要求而能有傑出表現的人。

在舊版的《奪標》中，讀起來比較痛苦的應該是有關「遺產及贈與稅」的章節。我們那個年代的遺贈稅率高達40—60％，後來降低到10％。現在又將提高一倍到20％。來回尋思，最後決定刪除兩個不合時宜的遺贈稅法規章節，而保留其間原汁原味和高雄陳靜英處經理共同經營的大保單流程。至於終身險產品名稱的更迭，應已是枝微末節了。

延伸一點說，人壽保險對富人本來就有四大功能：合理的節稅功能、財產信託的功能、轉移風險的功能，以及穩健且回報率逐年上升的投資功能。保險不會讓你一下子賺很多錢，但能管住現在的錢掙到將來的錢，從而保證一輩子都有錢！再者，陳媽媽哲人已遠風範猶存，從前有幸和她親近學習，這個案例真也值得我和大家回味了。

很多粉絲經常追問：「過河卒子回不了頭，那顆卒還在嗎？」

其實，那顆卒子永遠都在，都在我們的心中不是嗎？

多少年過去了，《奪標》最響亮的口號：「寧可白做，不可不做！」仍然流傳至今。彰顯出不是我們這個行業能不能做，而是你到底有沒有在做的問題。真的，做保險，能力不用太強，執著於行動力就好！

很多人離開這個行業或許是能力不足；更多的人離開這個行業，是因為自恃聰明過人，卻怯於行動力，又感覺做保險賺錢太慢了。這麼多年，觀察一些當年笑著離開的人，現在多數哭著過日子，然後再回頭數落保險業不能做，殊不知真應驗了那句台灣諺語「愈巧愈潦」啊！

新的一年新的開始，期許做 個有自信的人。自信來自努力。我們必須非常努力，才能看起來毫不費力。一個人唯有自己強大，才有更多選擇的權利，才能體現最大的尊嚴價值！

專家說，一個人要變強，必須做到：

1. 經常閱讀。
2. 堅持鍛鍊。
3. 結識其他成功人士。
4. 追求自己的目標。
5. 多種收入來源。
6. 有自己的導師。
7. 積極的人生態度。

8. 幫助其他人成功。

我每天在進行的是①、②、⑧，希望完成的是⑤，哈哈！

生涯生涯，生也有涯。涯是限制，有了限制，也才有了精采。我們只要勤學、勤變、勤做，這輩子都可以用有限的生命，在保險事業上做出最大的貢獻！

然而，曾經的光采從來不保證現在和未來的光采，我們還是得堅守崗位，堅持到底，好好努力再努力，直到成為守護客戶家庭經濟的堅強核心，並以之為榮。

謝謝你們的支持。

謝謝寶瓶出版社。

祝福大家！

裕盛敬上

二〇一七年二月三日深夜

《奪標》序

發揮所長，培養理念！

根據民國八十三年八月四日報載行政院勞委會公布未來五至十年最熱門的行業，人身保險業排行居首，資訊業與金融服務業分居探花與榜眼。這樣的結果讓一般民眾驚異不已。曾幾何時，人壽保險業居然由不被看好的行業一路攀爬到熱門的最高點。還記得前一陣子《華視新聞雜誌》才公布了「大學畢業生最嚮往的五大公司」，分別是台塑、長榮、萬客隆、台灣ＩＢＭ及台灣松下。兩相對照下，不知道大學畢業生會不會跌破眼鏡心生懷疑，或者重新對焦，另行抉擇。

其實，緊臨著我們的日本，投保率是台灣的十倍，保險年齡一百年，大學畢業生與我們有截然不同的選擇，他們嚮往的企業排序是：東京海上火災、三菱商事、日本生命、丸紅、全日空。保險公司在五大強占有了二大，這透露了兩個訊息：

1.日本的保險業比我們發達，大學生擠破頭想進入保險公司。

2.台灣的保險業猶有可為，大家卻都不願意進入。其實應該想，大家都反對，你才有機會嘛！不是嗎？

用「理念」做保險

八月十一日，郭文德副董事長召見我。

「林裕盛，十二年來，看你曾經到高峰，下來，現在又上去，趁你正旺的時候，趕快找你來，告訴你，怎麼繼續走。」

「是，郭先生，我也正在想這個問題，往後，不曉得怎樣繼續經營，請郭先生指示。」

「這樣子，」郭先生換了個姿勢，以慣有的手勢比劃著，「你應該找一天好好思考，休息一天，去想想自己有什麼優點、長處，有什麼缺點，把缺點降到最低，發揮所長。培養理念，用『理念』做保險，你知道嗎？『理念』。」郭副董說。

我有點不明白，「郭先生，您的意思是……」

「第一，成為其他營業處經理的模範，你這十二年的堅守角色，身先士卒，殊為楷模。第二，提升保險從業人員在社會上的地位。」他說。

「郭先生，這點您放心，所有的南山人不都是秉持您這一條教誨在努力嗎？」

「第三，不能急功近利，投機取巧，要solid。Solid，你懂嗎？」

「Solid，哦，堅實、穩固、踏實。」

「對了！勞委會不是剛公布我們是熱門行業之首嗎？很多人就認為現在是大好時機，應該大張旗鼓，把所有的人集合到林口體育場，總共三、四萬人來個大串連，因為，形勢一片看好，要乘勝追擊……不！不行，反其道而行，要冷靜、要堅實，不能衝動，要落實，不能投機取巧。」

我有點明白了，「郭先生的意思是……」

「譬如大學，有個台大；籃球，有個ＮＢＡ；保險呢，有南山。不能因為又設了很多大學，台大就不成為台大了，ＮＢＡ永遠是籃球的頂尖。保險業，不能因為有很多人競爭，美商進來、日商進來，我們就恐慌了，就急功近利，就投機取巧，南山還是南山，永遠要做保險的代名詞，要solid，堅持水準。現在我做事情，不為名、利，完全是為了理念。」

郭先生繼續說：「所以，增員，完全要找志同道合的人。將來才不會離心離德、離經叛道、難以駕馭。大家志同道合，通力合作，將來才能共享人壽保險創業的甜蜜果實。」

離開郭先生的辦公室後，我腦海裡還縈繞著他殷切的目光與萬般叮囑。

客戶是我們的主考官

我們常常聽到人家說保險業的流動率好高，言下頗有鄙夷我們的味道。殊不知，抱持這種看法的人，真是霧裡看花，沒有真知灼見。人壽保險業淘汰率很高，注意，是淘汰率，不是流動率。

不知道讀者諸君是否還記得，高中聯招時多少人報名，最後建中錄取多少人——十萬人中錄取一千三百人，淘汰率高不高？大學聯招台大醫學系，各組第一志願錄取率為何？低於千分之一。聯考是先淘汰，後進來（入學）。而我們，是先進來，再淘汰。

高中總分七百分，考國文、英文、數學、理化、社會學科（歷史、地理）、公民與道德。我們也考七科，不及格就淘汰，誰主考？是我們的客戶。

我們的七科是：

1.企圖心

第一節火箭，旺盛的企圖心可以克服任何的挫折，永不言敗。

2.親和力

與銷售對象建立良好的第一印象，化解敵意，在陌生的人群裡帶著親和力優游自得，讓每個人都樂於接近你。

3.學習與改變

持續、快速、主動的學習與徹底改變自己的決心，以厚植能力及進入這個行業的竅門。

4.良好的工作習慣

目標、技巧、欲望、習慣，首先要養成良好的工作習慣，習慣會驅使我們努力不懈，否則，不良習慣將主宰我們。

5.一流的效率

一流的頂尖業務員除了擁有高超的推銷技巧，還有一流的效率。除了開發客戶與促成不能取代外，其他舉凡製作建議書、售後服務、客戶檔案等都可以用錢買時間，用別人的手來完成。

視野造就高度！眼界開闊，看事情就會有不一樣的角度與結論，你的實力自然增強，與他人的距離自然拉開了！

6.行動力

知識本身沒有力量，知識化為行動才見真諦。寧可白做，不可不做，一勤天下無難事，沒有離開的客戶，只有離開的業務員。

7.分享與給予

有個關於花粉和玉米的故事：一位農夫每年參加農業產品展覽，他種的玉米都得到首獎。每次得到首獎後，他就把得獎的種子分給附近田地的農夫。他的理論是：「你懂得花粉的傳遞嗎？如果我隔壁田裡種的玉米品質很差，一經過風把花粉送到我的玉米田裡來，我的玉米品質就會受到影響；如果鄰居們種的都是高品質的玉米，我的玉米就可以相得益彰地提升品質。」

我們周圍的人成功，會帶動我們整體邁向成功；周圍的人失敗，也會拖我們下水。因此，分享您的成功，互相幫忙，將使整個營業處受惠。不但受到尊崇與景仰，更擁有大群成功的人追隨你，不亦樂乎！

目　錄

Contents

Chapter1 勇氣的重要

目　錄

Contents

目　錄

Contents

目錄

Contents

目　錄

Contents

Chapter4

完成交易靠毅力

目　　錄

Contents

目　錄

Contents

Chapter6

掌握人性

楔子
我如何進入保險業

民國七十年（一九八一年）八月秋天，我揮別了鳳山中正預校的大門，懷抱著對前程的美麗憧憬，直奔台北，準備去圓一個從小的夢想——到美國西雅圖華盛頓州立大學拿一個化工博士。然而世事的無常，卻在我連夜北上的國光號車上起了變化，一個改變我前途的變數已經發生。

回到台北家中，全家的氣氛顯得格外的靜謐，由母親口中得知，父親的事業因景氣不佳及朋友的拖累，而陷於困境，因此希望我暫時打消出國深造的計畫，留下來幫忙。這樣的消息對我來說不啻是晴天霹靂，然而瞥見母親幾番企求的眼光，身為長子的我，當下毅然決定放棄負笈他鄉追求更高深學問的夢想。決心投入完全不熟悉的紅塵滾滾，為這個從小育我養我的家庭盡一份心力。

受到激勵，奮鬥不懈

十月初，阿建打電話來。阿建是我從建中一直到台大最要好的同學，我們一起在高雄當兵，一起打英文信申請獎學金，那時候化學系的畢業生能申請到美國華盛頓大學化工系的ＲＦ（Research Fellowship研究獎學金；有別於Assistantship助教獎學金）真是不容易。鳳山街頭的路邊攤前，在米酒加保力達Ｂ的慶祝退伍的乾杯聲中，我們相約退伍後一起出國去打拚。

「怎麼樣！準備得如何了？我這邊都弄得差不多了！班機訂的是月底的大陸航空。」電話那頭，阿建興奮地說。

「家裡出了點事，我看我是去不成了。」我心生悵然。

「怎麼搞的？你神經病啊，準備了那麼久，說放棄就放棄啊！……好好好，那我一個人去了，六年後我會拿博士回來，到時再聚！」阿建肯定地說。

「六年後我會拿博士回來。」就是這一句話，六年後他拿博士學位回來，我拿什麼去見他？而「我拿什麼去見他」這個意念，成為日後激勵我、鞭策我力爭上游、奮鬥不懈的力量。

自信心油然而生

之後是一連串的求職過程：找報紙求職欄、寄履歷表、等回函、面談、考試、再等回函。曾去考了台塑和三陽，台塑企業要求錄取人員一律要下仁武廠六個月，讓我裹足不前（好不容易從那邊回來，又要回去）。正在家裡坐困愁城時，家裡來了一位余伯伯，他在新光人壽做的是科長或督導。他常來我們家，媽說他是來拉保險的，從我父親有錢時到現在生意做垮了，他都還不死心。

余伯伯見我賦閒在家，忍不住問我：「小夥子，退伍啦！現在在做啥米？」

「沒有啦！現在還在找工作。」我答。

「來做保險嘛！收入很高喔！」他鼓勵我。

那時候，我完全不懂什麼叫「保險」，聽他說了半天，只聽到「收入很高」這句話，而這句話對當時的我來說太重要了。

「多高?!」我劈頭就問。

「做得好的話，一個月十幾萬！」

什麼？十幾萬？我的天呀！有那麼高啊？腦袋一陣「金光強強滾」，好像登時十幾萬已經拿到了手一樣。突然清醒了過來，又問：「如果做不好呢？」

「那就沒有錢囉！」余伯伯回答得很乾脆。

一聽到沒有錢，我跌回籐椅上。十幾萬或零，相差這麼大。不過又想現在求職，薪水也都只有一萬多元。一萬多元，還債都不夠，跟零還不是差不多，不如去搏搏看，也許可以拿十幾萬也說不定，或打個折也比拿萬把元強。

接著又想：我到底行不行？從小到大，拿過的獎無數，回想學生時代，以雙園國中全校第二名的成績考上建中，然後上台大，好像我決心要什麼，都可以達到，一股自信心油然而生，**「我是為勝利而生的」**，我在心底這樣告訴自己。第二天，我就隨佘伯伯到新光人壽報到了。

保險啟蒙的日子，我始終感恩

在新光人壽總共待了六個月。從民國七十年（一九八一年）十月到七十一年（一九八二年）四月。那是我保險啟蒙的日子，我感謝且懷念那些時日。

想起第一天上班，全通訊處上上下下對我都很好奇與禮遇，經理尤其對我特別照顧，挑了張大桌子給我，同時搬了一堆有關保險的書給我看，我整整伏案K了一個星期的書，才約略曉得什麼是人壽保險。

那個據點叫北八通訊處，在南京西路靠塔城街底的新光合纖大樓二樓。當時的主管是位蔡經理，中年女性，有著胖胖略圓的身子，臉上經常掛著笑容，精明幹練又不失溫柔婉約。她對同仁很照顧，大家也都很敬愛她。

我在新光促成第一件保單的客戶就住在我們家附近，那時我們家住汀州路二一四巷，在龍口市場過去一點的位置。巷口旁邊走幾步路有一家「順成西服店」，老闆姓施，人很老實。他是鹿港人，上台北來打拚，他做的西服做工精細，價錢又公道，我們家人穿的西褲、襯衫都是向他訂做的，所以跟他滿熟的。店門口就是聯營二四三路公車，有一天，我從北八下班搭二四三回家，下了車剛好瞥見順成老闆正在裁剪。心想，不如找他試試看，所謂初生之犢不畏虎，我就走了進去，反正大不了再走出來，也不會少一塊肉。心裡這樣想著，人已到了他面前。

「老闆，在忙呀？」我堆滿笑容打招呼。

「是啊！客人急著要。有事嗎？」

「你知道，我最近到新光去上課，有一個產品還不錯，滿適合您的。」

「喔，是嗎？」

我趕忙從公事包裡拿出新光百齡終身壽險的目錄，挨過去跟他說明。猶記得當時他也沒有什麼反對問題，談到最後他居然就同意簽下保額五十萬，保費年繳三萬多元的保單，保費就放在閣樓上，原來是準備要給人家的會錢。我收了錢，忙不迭地趕回家去向母親報告喜訊。我們母子倆在客廳裡高興了好一陣子。

我後來想，要是當年順成老闆一口回絕我，也許，我早就改行了。哪知道他就那麼爽快神奇地答應投保，才讓我在保險業一待三十五年，冥冥中真有定數。後來我們搬離汀州路，順成也搬走了，搬到撫遠街靠近民權大橋那邊，平常有空時，我都會回去他那邊坐坐。只是，他從來都不知道，在我往後的人生旅途上，他曾是那麼重要的關鍵人物。

業務員要對公司及產品有絕對信心

那時候新光人壽的廣告做得滿大的，報紙、廣告看板，外加電影院唱完國歌之後的百齡終身壽險「活得愈長，領得愈多」廣告台詞做得嚇嚇叫，幾乎大人小孩都能朗朗上口。廣告做得大，業績也扶搖直上，市場占有率約達二十三個百分點。

當時南山的市場占有率大概三個百分點不到，怎知道「十年河東，十年河西」，有一天，這家當年絲毫不起眼的、租大樓辦公的公司，會有超越號稱「保險巨人」的新光的一天。

過去的光采從來不保證現在、未來的光采，唯有專注在每一個當下，全力以赴。

業績要做得好，業務員一定要對公司及產品有絕對的信心，這也就是為什麼當初我在新光也得到不少獎項的原因；轉到南山後，更能發揚光大，連戰皆捷也是這個理由。

上述提到新光人壽廣告無處不在，而南山人壽呢？卻恰恰相反。找不到一點廣告，也難怪初期我完全不知有一家公司叫做南山。

我剛開始行銷保險時，客戶往往對我很好奇：堂堂台大畢業生，為什麼要去做保險？（那時候從事人壽保險的人員素質沒有現在這麼高。現在別說大學畢業，碩士、博士畢業來行銷保險的都大有人在了！）

民生西路過了延平北路，有一家健芳文具行的女老闆，未婚，是老老闆的女兒，我都叫她老闆，或者大姊。她曾對我說：

「唉！林裕盛，學歷那麼高，幹嘛去做保險？」

「人在江湖，身不由己，本來要出國念書，後來因為……所以……」我娓娓道出了坎坷的心境。

「喔！」她表示出一副很同情的樣子，接著問我：「那將來要不要再出國念書？」

「大姊，如果妳不支持我，我怎麼做得下去？如果妳支持我，我又何必出國念書呢！」

「說的也是。那，聽說有一家南山人壽不錯，如果你真的要做保險，可以去看一看。」

「什麼，啥會啊！啥米山？」我聽都沒聽過，心裡頭納悶著，卻猛點頭，「是，大姊，有空我一定去看看。」

那時我第一次聽到南山人壽，壓根兒不知道它在哪裡。

後來，有三個客戶跟我買的是新光的保單，卻在不同的時間、不同的場合，不約而同地跟我提到「南山人壽」。我心裡開始發毛了，為什麼大家都知道南山，唯獨我不知道。如果風評那麼好，我應該去見識見識，何況，如果想終身在這行業打拚，更應該找一家最理想的公司全力以赴。

此後，南山人壽開始在我內心萌芽，也就是為什麼這麼多年來，我對南山死心塌地地認同，因為跟我推銷南山人壽的不是南山人，而是**市場的口碑明明白白地反映出它的風評**。

有一次，新光同仁拿了一份南山的建議書回來，大家看不懂，搞不清楚它密密麻麻的一堆到底寫了些什麼，就圍在那裡七嘴八舌地討論（後來才知道，南山相當重視附加合約，新光不強調附加），更加深了我想一探究竟的決心。

掌聲與笑聲齊飛，獎杯共酒杯一色

民國七十一年（一九八二）三月，有一天下午，我從北八騎摩托車要到南京東路二段新光總公司，路經南京東路、新生北路高架橋下。在等綠燈時我左顧右盼，右邊是永琦百貨，左邊，也就是永琦對面一棟六層樓的舊房子，絲毫不起眼，哪裡知道往上一瞄——不得了，南山人壽的圓形標誌矗立在頂樓上面！亮閃閃的陽光刺得我差點瞇了眼，卻不減那四個字帶給我的震撼。

哇噻！踏破鐵鞋無覓處，得來你全知道，眾裡尋她千百次，那人卻在陽光耀眼處！好，老子今天就來個夜闖少林寺，不！日闖南山廟，看它裡頭究竟有何三頭六臂的高人。摩托車靠邊一停，我就過街了。

哇！電梯這麼小，怎麼跟我們新光比。又這麼舊，那還比啥？乾脆走人……但既來之，則闖之，弄個明白再走不遲，電梯直上五樓。

此刻正值午休時間，有人在吃便當，有人趴著休息，有人在下象棋。有些房間擺了很多獎杯，牆上掛著獎狀，還有洋文，挺嚇人的。

「你在幹什麼？」突然有人迎面走來，魁梧壯碩，嚇我一跳。

「沒什麼，來看看！」我說。

來人打量了我一眼後說：「走，到我房間坐坐。」

我跟在他後面，看他進了經理室。站在門口往裡瞥，看到獎杯、獎狀，心想應該有幾把刷子，才稍微放心地跟了進去。

「來幹嘛？」才坐定，就來這麼一句。

「沒有啦，想請教請教，了解一下貴公司的產品。」假裝是要來買保險的。

接下來一問一答，有時他問，有時我問。我邊說話，邊在心裡把兩家的產品做一比較，透過他的侃侃而談，比了十幾項，心裡暗暗吃驚：怎麼沒有一樣

楔子

我如何進入保險業

比得上的！光是折扣賠償（免體檢件，第一年賠35％，第二年70％，第三年才100％理賠——現在已經取消這項不合理的條款了，所有有這條條款的保險公司，一年下來的不當利益高達新台幣六億元。同時也製造了很多理賠糾紛，對保險業的負面影響，不可謂不深遠），我們就輸慘了！心裡想，當初講師不是說每一家保險公司都有個規定嗎？怎麼會有一家沒有，免體檢，投保第一天起就百分之百理賠。

傍晚時分，我離開那棟破舊的大樓，和那座小而慢的電梯，走入向晚的車水馬龍中，心裡卻再也離不開那個在屋頂上耀閃的白底藍色的標誌。

民國七十一年四月二十一日，我直奔南山人壽。頭也不回，從此展開我在南山的一頁奮鬥史，一頁得獎史，正是所謂的「掌聲與笑聲齊飛，獎杯共酒杯一色」。

走過新光，我要感謝太多的人，感謝余伯伯、蔡經理，以及剛開始有點疑惑最後卻又全心疼愛我的新光夥伴們。

保險行銷人員追求成功的十二個指標

南山人壽總經理林文英先生，係壽險界老前輩，也是我非常景仰崇拜的一位恩師，他的睿智和傑出的才能，一直是我學習的楷模。

他從基層做起，深知壽險從業人員成長的艱辛，特提出追求成功的十二個指標以勉勵所有的行銷人員，我一向將其奉為圭臬，多年來讓我受益匪淺，願與您共勉：

1. 我要過一個有自由、有尊嚴而又有高收入的生活。
2. 我從事壽險工作，是因為它有意義，且又可做為終身事業。
3. 我必須具備專業知識，且要專心經營，才能勝任我的工作。
4. 我要訂定明確的年度目標，並且努力去達成。

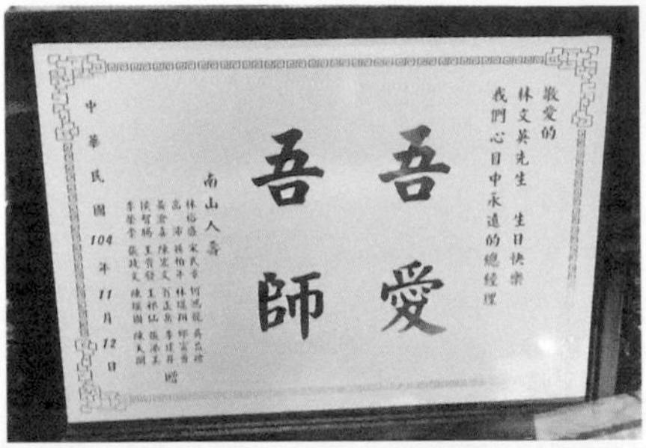

民國一〇四年，致贈生日禮讚予我們心目中永遠的總經理——林文英先生。

5. 我要養成良好工作習慣，並且持之以恆。
6. 我遇到困難絕不退縮，更要堅持到底。
7. 我每天要用熱忱與親和力去認識更多人。
8. 我要不斷學習、保持進步，以應付更多的挑戰。
9. 我要積極主動、樂觀進取，以創造快樂的心情。
10. 我要盡力而為，激發內在的潛力。
11. 我要永遠保有服務的熱忱，不論何時或擔任什麼職位。
12. 我要妥善處理我的財務，並累積財富。

保險行銷人員

追求成功的十二個指標

永豐通訊處月會同仁合影。南山整體出擊是最快樂的事！

Chapter 1

勇氣的重要

知識本身沒有力量，知識化為行動才有力量。
學問高的人滿街都是，但成就不一定高；
能力強的人我們看多了，但能力強卻眼高手低的人也比比皆是；
只有毅力，堅持到底的人才會開出璀璨的勝利之花。

第一章
給自己一份最好的禮物——勇氣

緣故陌生化，陌生緣故化。

既然是銷售業，身為銷售部門的業務代表，當然要去面對市場，面對客戶——陌生與熟識，這就需要勇氣。不過，我們首先要談的是進入這一行的勇氣。

有一句話說：「投注信心與勇氣，必能功成名就。」

有了信心就會有勇氣，這就牽涉到性格面的問題。而**「性格面」與「環境面」是一個人衝破逆境、邁向成功的兩個條件。**

Chapter 1

勇氣的重要

未來的有錢人屬於：1.肯讀書；2.肯上進；3.知道做什麼、怎麼做、跟誰做的年輕人！

我們是為勝利而生的

這樣說吧，當初我退伍時面臨了找工作的抉擇，是要選擇一個月一萬元出頭的工作，還是去「搏搏看」那份好則有十幾萬收入、壞則沒有什麼收入的壽險事業時，我內心是這麼盤算的：

「我」究竟是屬於哪一邊的？

是十幾萬這一邊的？還是零這一邊的？

我開始回顧從小到大自己的求學過程，從西門國小、雙園國中到考上建中（六百四十六分；那一年的最低錄取分數是五百八十七分），一直到台大化學系畢業，甚至預官考上中正預校，並申請到美國西雅圖的華盛頓州立大學——材料科學研究獎學金。一路走來，非常辛苦，卻也過關斬將，只差臨門的一腳，沒踩上飛機門而已。這時候我歸結出一個結論：

只要我傾全力要做好的事，似乎都難不倒我。

所以，我想，我一定是屬於一個月能賺十幾萬這一群的人。

美國前總統雷根曾說：「我們是為勝利而生的。」

的確，這是一個積極思考模式的過程。

如果我從小到大都是一路挫敗上來的話，可能我的思想會抓住一萬多的底薪，因為，那畢竟比零還是大多了。

因此，所謂信心與勇氣，必須建立在從小到大的生活面、性格面上。**有積極**

思想的人，永遠懷抱希望，充滿樂觀。也難怪歐美的保險公司招考新人時，「樂觀」為必備條件之一。

再來談談「環境面」。所謂富不過三代，寒門出孝子，壞竹出好筍，也許是這個意思。

如果當初，家裡的環境不是惡劣到那一萬多元的底薪根本無濟於事，而非得有更高的收入才能解決困難的話，我相信，我可能也沒辦法鼓足勇氣，放手一搏。

所以，如果你的性格而充滿信心，恭喜你！如果你的環境面也配合，那更恭喜你！

讓我們共同來送自己一份最好的禮物——勇氣。

兩大類來源：「緣故」客戶與「陌生」客戶

人壽保險業的迷人，在於它**可以讓一個年輕人從無到有，進而開創無限，由白手起家到創業成功。**

所謂「無中生有」的意思在於準客戶就在你身邊，端視你敢不敢開口而已。台灣話說：「嘴若敢開，保險歸大堆（很多）。」而準客戶在你身邊的意思也就是陌生拜訪的客戶拓展。

小李飞刀，霸王剑！
大哥的胸怀，香如故！
谢大哥教诲育人，盛情款待！
祝大哥一路高飞，永丰神威！
2010.04.12

美國友邦人壽深圳分公司總經理蔡偉兵率團來訪，攝於圓山飯店。
廣結善緣與人為善，做保險就是做人。

我們知道，客戶的來源分為兩大類，即「緣故」與「陌生」。現在我們就以這兩大類來加以分析。

新手由「緣故」客戶開始

我們知道保險是個比較容易遭人拒絕的行業。新手遭受拒絕，在健康的心理建設下並不會產生什麼不良效應，但如果一而再、再而三地遭受拒絕，心裡面難免會動搖。

所以，幾乎所有的行銷專家都建議**新手由「緣故」客戶開始嘗試推銷**。一方面由於新手過去的交情，緣故客戶比較不會不顧情面地澆你冷水。

再者，正因你是新手，各種專業知識並不是很深入，緣故客戶比較能包容你這方面的缺點，甚至在你還不是很進入狀況時，就能給你一個正面的回應，讓你在推銷的起跑點上，有個愉快的開始，從而慢慢建立起自信；有了小的成功，建立小的自信，去解決小的挫折，然後建立中度自信，再成為完全進入這個行業的高手之林，邁向開創無限之境。

然而，也並不是每個緣故準客戶都能支持你，反而有時會被他們傷成重傷也說不定，所以有些新手在談了幾個緣故客戶，遭受無情的打擊後，進而轉向，從此不做親朋好友的保單，改走完全D.S.（Direct Sales，直接銷售，即陌生式拜訪）的路線，所謂一朝被蛇咬，十年怕草繩。殊不知，其實陌生式拜訪，到頭來，還是要花上一段時間來培養感情，這一段時間講起來快，但實際的情況有時會拖上一年半載，到最後才可以正式地跟你締約。

所以基本上，我們非常贊同：新人宜從緣故的市場入市，只不過在心態上及技術上，必須有一些準備才好。

拜訪的關鍵在於面談

1.拜訪緣故客戶的「心態」

所謂心態：

(1)走緣故行銷並不是每個人都應該跟你買保險，他們跟所有的消費者一樣，都有拒絕的權利。

(2)套用孫越先生賣咖啡的絕佳廣告詞：「好東西要與好朋友分享」，今天除非你完全認同人壽保險的意義與功能，否則你不要出去銷售；你認同它了，覺得它是全世界經濟社會下最好的互助制度，你才去推廣它。我們知道，不管準客戶買不買保險，事實上他都已經買了，差別只是他掏腰包跟自己買，還是向保險公司買而已。

(3)緣故客戶的優點只是比較容易「接近」而已。而**「容易接近」，對於一個**

人壽保險推銷員來說，實在太重要了！除非你能接近他，展開面談，否則一切都是空談。

我們知道，**推銷的關鍵在於拜訪，拜訪的關鍵在面談，面談的關鍵在於有力的詞句。**這個面談，就完全建立在你能不能見到他，也就是所謂的「接近」（approach），唯有接近他面談，我們才有機會。

2.拜訪緣故客戶的「技術面」

接下來，我們談談「技術面」。對於緣故的客戶，我們怎麼開口，才不會嚇著對方，並且得體？

(1)首先，有一個口訣是：**「緣故陌生化，陌生緣故化。」**這怎麼說呢？陌生的客戶更要拚命攀關係，所謂有關係拉關係，沒關係找關係，有關係沒關係就會發生關係。

反之，緣故陌生化，把你們的關係淡化。例如說：「姑媽，現在我們先把姑媽這兩個字拿開，不要有太多情感的因素在，妳好好地冷靜聽我講解這張建議書好不好？」你這樣講，她當然說好了，因為她最怕你拿關係壓她，弄得她非買不可。這下可好了，只要她願意聽，我們就有機會，不是嗎？其他的關係也可以這樣做，比方說：「同學，哦不，先把我們這十幾年同學的關係拿開……」這樣會不會？套公式走，愉快得很。

事，變成故事，只是時間的問題；人，變成人物，就有點難度了。

(2)另一個話術是：「沒有人規定朋友之間，一定要有生意上的來往；也沒有人規定朋友之間，一定不能有生意上的往來。」——如果您給我五分鐘，讓我好好講解完這份為您精心規劃的建議書後，您覺得不需要，我也沒遺憾；如果您覺得還不錯，願意讓我為您服務，不是一件很美好的事嗎？

這樣一個來往，一個往來，聽得對方甚覺有理，願意聆聽下去，我們就有機會啦！

每個緣故的客戶，你都要過濾你們的關係如何、他的現況，以及他對人壽保險的觀念如何，加上前置作業的「溫車」，必能很快地讓你舉績，踏上成功的第一步。

第二章 突破挫折的困境

腳勤嘴甜脖子軟，推銷怎會難？

不管是新人還是老人，總是會碰到挫折，大多數的人都會問：遇到挫折時要如何處理？

沒有離開的客戶，只有離開的業務員

我常常在想，這麼說好了，「挫折」這個名詞是業務員自己發明的。

我們去拜訪的準客戶，他絕不會將挫折加之在你身上，人家本來就有拒絕的權利，你推銷東西，他可買、可不買；他不買，我們再去找要買的，不就成了？不要人家一拒絕你，自己就很快地讓挫折來拚命打擊自己，直到陣亡為止。何苦呢?!

俗話說：**沒有離開的客戶，只有離開的業務員**。要不然，那些在紅綠燈口沿著車陣賣玉蘭花的，豈不早就挫折陣亡一堆了。邱吉爾曾經說過一句話：「絕對、絕對、絕對不放棄！」想想看，為了一、兩個不跟我們買保險的客戶而離開這個行業，斷送了自己遠大的前途，值得嗎？遭到拒絕反而是虛心檢討的好時機，所謂失敗為成功之母，這是不對的——**失敗後檢討才為成功之母**。想想close（成交）的關鍵：感情＋邏輯，是哪一個部分出了問題，這才是健康的做法。

所以，從此刻起讓我們的字典裡，不再有「挫折」這兩個字。

尤其新人不要整天「挫折」、「挫折」地掛嘴邊，客戶拒絕我們不能叫做挫折。挫折是一種非必要的自我傷害！

客戶有反對問題，表示暫時無法成交，這只是一個等待解決的問題，是對外的：

1. 能解決，就能成交。

2. 無法解決，就用時間等待客戶或者換人而已。

所以，沒有必要對內再造成自我傷害，真的不必了！

第三章
屢戰屢敗，屢敗屢戰

避免重蹈覆轍是成功法則。

每一個成功或失敗的案例，我們都要從中汲取經驗，不做任何浪費。

成功的案子，要知道如何成交

對於成功的案子，要知道是如何成交的，問客戶：「為什麼要買這一份保單？我有什麼優點？」這樣做，會讓客戶再一次地滌清自己購買的思緒，避免

二〇一七年二月九日，南山人壽永豐通訊處春酒，老中青三代同堂，見證人壽保險事業的永續經營，共創輝煌！

將來反悔。

尤有甚者，當他指出欣賞你的地方，待客戶言畢，馬上加一句：「如果這樣，您是否方便介紹一些客戶給我，我去見他們，您應該不會覺得丟臉吧！」因為好東西要與好朋友分享，不是嗎？累積了成功的方法又得到準客戶的新名單，真是一石二鳥，不亦樂乎！

失敗的案例，要確實檢討原因

面對失敗的案例，要確實檢討原因，千萬不要歸咎於運氣不好或是手氣不順，甚至怨天尤人，因為這些都是於事無補的，反而可以請教客戶：

「主顧先生，雖然您沒有購買這份保單，但因為我很想在壽險事業這條路上好好地發展，能不能請您告訴我，我的缺點在哪裡，好讓我改進，避免以後重蹈覆轍好嗎？謝謝您。」

你這樣一問，也許會有許多意想不到的成果發生——主顧先生搔搔頭，很不好意思地說：

「其實也沒有什麼啦，只是，只是……」

下面會有兩個結果產生：

1.被你的真誠打動

感受到你這麼真誠，想想，你實在也沒有什麼缺點，反而一時心軟，轉換為支持你也說不定。

2. 道出真正拒絕的理由

要知道，**客戶的拒絕有千千萬萬種，但不出「真」與「假」兩種**，業務員往往很難分辨哪些反對問題是真的、哪些是假的，而經你這一番情真意切的表白，他願意把幕後真正的元凶告訴你，我們不是機會又來了嗎？

最壞最壞的，遇到無法處理的反對問題時，把此次失敗的原因記錄下來，所謂不二過，下次不要再犯，**心態上永不言敗，不願輸、不服輸、不能輸，不斷地捲土重來**。相信成功的哲學愈多，失手的機會愈少，你就愈容易踏上康莊大道。

很多新人問我：「有什麼辦法克服低潮？」

我想你是太閒了！如果你是有計畫性地拜訪客戶、不間斷地開發客戶，每天排到滿檔，哪有時間低潮？

保險能做一輩子，就是因為一輩子都在幫人！

應邀於「MDRT特訓營」擔任講師，分享成功經驗。

第四章 把失去的感情找回來

敞開客戶心胸，成功之門跟著開。

新進人員從緣故開始，可能會拜訪以前的同學、老同事、過去工作的客戶、故居及現在的左鄰右舍、久未聯絡的姊妹淘、失散多年的「同梯的」（當兵夥伴），及離開社團的社友。總而言之，這些人歸結為：曾經很熟，卻已一段時間沒聯絡。所以貿然找這些朋友談保險，可能會招來誤解或者白眼：這個人怎麼搞的？多年不見，一見面就要談保險，真是……

除非，除非他是兩肋插刀型，交情夠，你們一碰面，談明來意，二話不說，拿單就簽。這種人不是沒有，但為數很少，有的話對新人是鼓舞有加。

說明來意、提出要求，招來好結局

剛加入壽險業時，我覺得舉目無親，同學嘛幾乎都出國了，親朋好友看到父親事業這樣子，也統統跑光了。想來想去，就去找以前台大土風舞社的指導老師——錢小憶，當時她在貿易公司上班，公司在敦化北路長春路口的一棟大樓裡。記得那次去找她，是到她公司樓下喝咖啡。

「錢老師，不好意思來打擾妳，我現在在新光人壽……」我囁嚅地說。

「沒關係，保險是好事，我也不懂，你解釋給我聽聽……」老師對我說。

我永遠忘不了當時她臉上泛著的慈光。想想，以前她所帶的徒弟，每個都到國外去深造拿博士了，怎麼會出這樣一個怪胎，留在國內不打緊，啥事不好做，竟跑去拉保險。我內心是這樣盤算她的想法，誰知道完全不是那麼一回事。

所以有時候，大部分業務員的擔心都是多餘的。Speak out！說明來意，提出要求，結局往往出乎意料地好。

那次，我接著介紹當時最流行的新光百齡終身壽險，錢老師聽完，拿起筆就簽了五十萬，當場去領保費給我，真讓我感動不已。

想想看，如果不是順成西裝那件保單，如果不是錢老師這件保單，也許我早就不知陣亡到哪裡去了，哪還有今天在這裡和大家分享這些經驗的機會。

所以，初期的順手與否，關係著一個新人的前途，當主管者不可不慎。**千萬不要隨便將新人推入市場，也許很快他就因嚴重的挫敗而提早陣亡。**

對老「緣故」，找回失去的感情

那麼，碰到大部分的老緣故又該如何處理呢？

「幹嘛？那麼久不見，一見面就要談生意呀！」

「哎呀，這你就不懂了，我是在找回我們失去的感情耶！」

「找回感情？為什麼那麼久不找，現在才……」

「找不到呀！喂，奇怪，那麼久，為什麼你不主動來找我……」

這樣聽一聽，對方也覺得不好意思，接著就是以那套方式：「沒有人規定朋友之間，一定要有生意上的來往；也沒有人規定朋友之間，一定不能有生意上的往來。」敞開他的心胸，讓他覺得舒服，生意之門，就悄悄打開了。

成交的關鍵：客戶願意跟我們買

雖然我們的工作是崇高的，但心態不可高傲輕浮——把坊間所有顧問式行銷的錯誤觀念丟入垃圾桶吧！

本質上我們就是生意人，一買一賣之間就有利潤產生，客戶心裡當然雪亮：不爲了業績、為了賺錢，你來找我幹什麼？因此，銷售人壽保險跟銷售任何商品都一樣，我們要想清楚：

1. 客戶為什麼要跟我買？

2. 為什麼要將業績給我？

3. 為什麼要讓我賺？

成交的關鍵，從來就不是我們多會賣，而是客戶願意跟我們買。想清楚了，你就知道要怎麼從經營客戶的感情著手，不會成天在產品上打轉，更不該像無頭蒼蠅般團團轉，不知所以了。

心急，不如急在行動！

推銷急，要急在建立交情；增員急，要急在量大選才。心裡急有什麼用呢？要急在行動！

1. 增員不用學

只要你做保險發達了，你周遭的朋友（街坊鄰居、同學、以前的同事、同梯

業績奪魁
全國業績王選拔賽
中華民國一百年十二月一日
保險
戰神
林裕盛
林裕盛
30

乃至手帕交）自然會產生好奇。花若盛開蝴蝶自來，你若盛開清風自來，屆時順水推舟就好了。

2.推銷不用學

只要你一直去，第一次拜訪談建議書，第二次到第九次聊客戶喜歡的話題，每次拜訪時不要忘了帶點「丹露」（伴手禮）；第十次眼淚汪汪地說：「董ㄟ，你再不支持我，阮全家都得喝西北風了……」

大多數人把這個行業搞得太複雜、學問太深，愈想愈困難。做推銷，不懂得放下身段，忘了平凡自己去見客戶；做推銷，賺不到錢，無法豪華自己吸引別人，整天妄想增員。

只要先後次序弄對了，掌握好人性（銷售）與人格特質（增員），人壽保險其實是全世界最容易成功的事業！

第五章 Direct Sales（直接銷售）

熱情掃街，成功不斷。

「直接銷售」運用的是陌生式拜訪。以前在南山總公司南京東路時代，我們管「陌生式拜訪」叫Cold Canvass，冷漠式的挖掘——**挖掘是我們，冷漠是客戶，所以客戶寒若冰霜是應該的**。我們是那壺冷水下的熱情火爐，慢慢給水加溫；水是冷的，如果爐子也冷，那水永遠沒有燒開的一天。慢慢地燒，有一天水開了，倒入茶杯中泡茶，那一口茶就是我們的利潤。後來有人叫「出去低一下」。低什麼？低聲下氣，真難聽！

有一天我們終會明白，客戶讓我們難過的事只是我們攀登成功高山時，擦肩而過的小小雲朵！

我們都叫「出去扣」（cold），也就是陌生式拜訪的意思。後來也叫D.S.，Direct Sales，也有人叫「掃街」，挨家挨戶推銷。很多各行各業的業務員，專門招募剛退伍的新人從事這種地毯式的銷售，業績也都不錯。

都會區找辦公大樓，省時又省力

D.S.在型態上可分為橫式及直式：橫式為掃街，又稱店面式；直式為掃大樓。時間的區分可為隨緣D.S.及專業D.S.兩種，前者為新手有緣故客戶者搭配為之，後者為完全無人際關係者別無選擇之做法。

一般來說，**在都會區，以選擇辦公大樓的陌生拜訪較為省時、省力**。想想看，一棟十層的大樓，大概會有三十至五十家的公司可拜訪，完全符合大量拜訪篩選客戶的原則。

記得剛入行那年，有一次隨著營業處一位較資深的主管去板橋街上D.S.（十二年前，聽說台北市已被D.S.得很凶，南京東路上的大樓幾乎被稱為新人練習場，所以找一個較偏僻的外縣市，看看手氣會不會好一點）。才拜訪沒幾家，因為在大馬路旁，煙塵漫漫，沿著一條街拜訪，口鼻都有了黃土。到了一家雜貨鋪，老闆娘看起來滿和藹可親的，趁著店裡客人剛走，我就走向前去。

「頭家娘，來嫁裡拜訪。」

「你都位，要買啥？」

「嘸啦，阮是南山ㄟ！」

「啥米，零錢ㄟ（南山），賣換歸ㄟ？」

「哇！那也按呢，換零錢。」

原來老闆娘沒聽過南山人壽，以為是要換零錢，我心想，實在混不下去，光解釋公司名稱都要花上老半天了，乾脆打道回府算了。結果那天，白襯衫去，黃襯衫回來，還吃了一嘴黃土，真的狼狽得很。

從此，我再也不願大老遠地跑到很遠的地方去做陌生式拜訪，專門在都市的大樓裡作業，一來時間有限，二來空間集中，三來空氣清新（辦公室內大都有冷氣空調），環境幽雅，工作效率提高不少。

保險是「超人」才能做的

那一次從板橋鎩羽而歸，覺得保險真不是人幹的（後來才知道是「超人」才能做的），加上第一個月到南山（民國七十一年四月）薪資才領了一萬元，第二個月更慘，只剩八千多元，每天吃蚵仔麵線（小永琦旁邊巷子口，那家攤子還在，夫妻一起經營，原本只賣麵線，後來因為我們每天都吃，覺得膩了，建議他加點別的，現在米糕也有了，豬血湯、肉圓樣樣俱全。老闆娘看著我從光

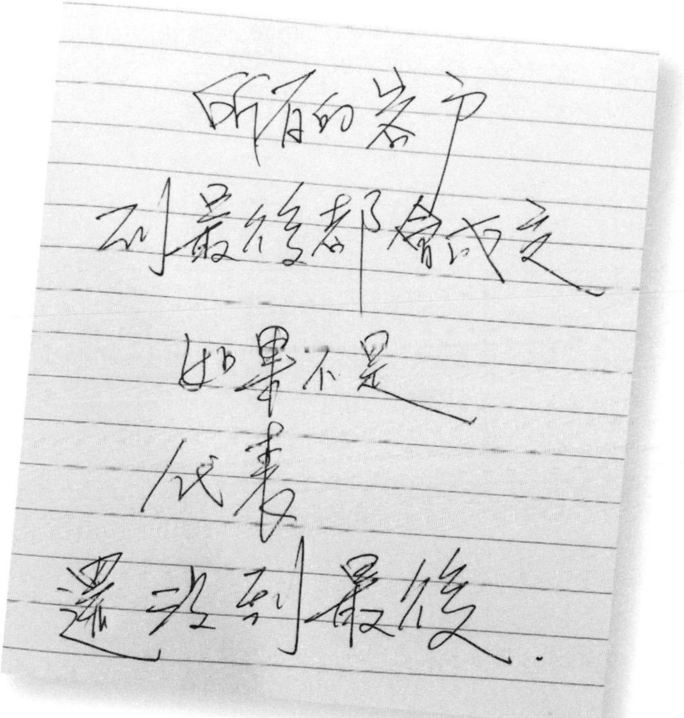

陽五十到Vespa九十，從喜美到天王星以至賓士車，一路成長上來，現在有空經過那裡，嘴饞時還會下車去吃一碗，享受熱騰騰的麵線，回味當時的苦難時光，那一段當蚵仔麵線班主任的日子），陣亡已在額頭上若隱若現。

幸好後來發生一件事，扭轉了我離開的念頭，而決定放手一搏。

第六章
過河卒子，回不了頭

以他人的經驗為師，再次出發。

永琦百貨的對面是小永琦，那時候整棟大樓是南山人壽總公司所在（台北市南京東路二段十五號），後面穿過巷子可以到長春路。

因為離公司近，所以我就嘗試在附近做D.S.。有一天，我從中山北路、長春路一直拜訪，一路沿著長春路路過林森北路再往新生北路高架橋方向去，結果拜訪了一、二十家店面（這也是橫式D.S.），每一家幾乎都已投保了，不是國泰，就是新光。

「謝謝，謝謝您對我們保險業的支持！」主管教我們，只要客戶投保了，不管是哪一家，我們都要說謝謝。就這樣謝了一條街，一點斬獲也沒有。

下一頓的飯錢在哪裡？

那一天的天空有點灰，午後下著濛濛雨絲，身上除了公事包，還帶把雨傘（活像一位七先生），走著、走著，不禁悲從中來：年少壯志怎堪這樣折磨？苦無所謂（不怕苦的工作），但根本看不出一點希望來（就怕苦的行業）。難道我建中畢業、台大畢業，就只淪為一路說謝謝的人，甚至連下一頓的飯錢也還不曉得在哪裡？想著、想著，這時候已走到長春路與新生北路交叉口的橋下。

望著灰濛濛的天空，我不知何去何從。想想，同學們已在美國追求博士學位了，自己不知道留在台北幹什麼。以前輝煌的學業成績，出了社會竟然如此不管用，一點忙也幫不上，裕盛啊裕盛，你真是命苦啊！

想著想著，鼻頭一酸，眼淚竟已在眼眶裡打轉。這時候我低下頭去，好死不死看到一顆半掩在泥沙裡的棋子，面朝下看不出是哪一顆。那時候營業處休息時間，同仁們有時會下下棋，經常缺這顆缺那顆的，於是我彎下腰去，想著撿回去給同事用吧。

優秀的業務員，會自我激勵、自我管理，和自我療傷！

哪裡知道從泥沙裡拿出後翻過來一看，竟然是一個「卒」字，我拿出衛生紙一直擦它，一直擦它，凝視它好久，漸漸地視線變得模糊。我一逕地往回營業處的路走，在雨中，我再也分不清臉上的是雨水還是淚水……

方法不對，就要虛心檢討，面對現實

回到營業處，我坐回業務員桌，再拿出來仔細看個夠：「卒」，老天爺真會開玩笑，還是給我什麼樣的啟示？真的，過河卒子，我再也回不了頭了。回去追我同學已經來不及了，只有一路往前衝，衝出一番局面來，讓他們哪一天回國時，再也追不上我。

年輕的壯志再度燃起：我一定要成功！

好，我冷靜地研究一下，到底是這個行業不行？還是我不行？或者是我的方法錯誤？

隔天，我到每個區經理的辦公室去和他們聊天，發現幾乎每個經理都有房子及車子，為了確認，我還特地去拜訪一位家在內湖的經理住處，要了權狀看看，果然是真的。

我心想，如果這個行業不行，我要趕快離開；但**如果大家都賺得到錢，賣得出保單，那麼一定是我的方法不對，要虛心檢討，面對現實。**後來證明是後者，於是我就再留下來，**以別人的經驗為師，再次出發。**

直到今天，每次失意、挫折的時候，我都會想起那顆棋子，也懷念那一段上窮碧落下黃泉，頭插兩根草，道路兩邊跑的掃街生涯，更懷念那些共同打拚，並排吃蚵仔麵線的老戰友，雖然他們大部分都已陣亡了，但今天在昏黃的燈光下寫這一段，他們的影像卻鮮明地一一浮現眼前，思念他們的心情油然而生。

第七章 D.S.銷售循環的第一步

拜訪量要大，勇氣要夠。

我們知道，**業務員的第一個工作，就是拜訪大量的準客戶**，以篩選出適當的準客戶。尋找準客戶以賺取佣金的百分之九十八，推銷技巧賺取佣金的百分之二。這也就是為什麼新人有時候業績往往超越資深業務員的道理，因他們擁有多且良質的準客戶。

業務員的工作

1. 拜訪大量的準客戶。
2. 拜訪適當的準客戶。
3. 發掘問題，呈遞解決方案。
4. 講適當的話——close。

而D.S.，正可以達到大量拜訪客戶的目的，集中在一段時間與一個地點，快速而大量的累積名片（準客戶名單）。

整個D.S.的流程可分為：①見面；②送建議書；③成交及延伸。

整個流程則可細分為：

Approach
（接近）
↓
再訪
（了解資訊）
↓
呈遞解決方案
（送建議書）
↓
再訪
（處理反對問題）
↓
再訪
（考慮&攤牌）
↓
促成
（Close）
↓
謝函及延伸

接近（Approach）

接近是最容易，也是最困難的。

在其他的銷售行業，產品擺在人前面，譬如汽車、房地產、事務機器、有形的產品，消費者已經有想要的念頭，銷售員是誰不是頂重要，順眼最好，不順眼也無所謂，反正我要的是東西，東西一拿，以後是誰，相忘於江湖，不一定會記得。

保險這商品可不一樣了，有人立志住洋房別墅，以大台北華城為己任，置家人死生於度外。有人立志開豪華大車——各位若不相信，傍晚時分，到新生南路頂上魚翅門口去站崗半小時看看，保證讓你目瞪口呆：來往皆賓士S400或BMW7字頭，台灣經濟的奇蹟在此完全展現，開賓士車到頂上吃魚翅，男兒當自強。記得去站崗時可得穿著體面點，一碗紅燒魚翅、一盤鮑魚，再來個螃蟹粉絲，就已經快七張千元大鈔了，最後甜湯奉勸你不要點，再來一碗燕窩，那一萬元就泡湯了——兩個人耶！市面上不是有白蘭氏冰糖燕窩嗎？從頂上出來後，到7-11一人拿一瓶吃吃（六百元）也就可以了。

喚醒客戶對家人的愛與責任

言歸正傳，有人立志開大車、住洋房，就是沒有人「立志」買三千萬的保險。為什麼？因為是給予嘛！不是「得」，自己沒好處，幹嘛那麼積極？客戶不是常說：「死後留給他們那麼多錢幹嘛！」或者：「給她那麼多錢去當嫁妝，傻瓜！」每次聽到這種話，真想給他一巴掌——就是因為你沒買保險，沒留下足夠的錢讓太太生活下去、讓小孩受教育，太太才會改嫁，逼得小孩只好去叫別人爸爸！你以為她願意啊？

因之，保險是需要被激發與鼓勵的，喚醒客戶對家人的愛與責任，有一句話說**「買保險是give your love」**，就是這個道理。

大兒子頑皮的小時候。

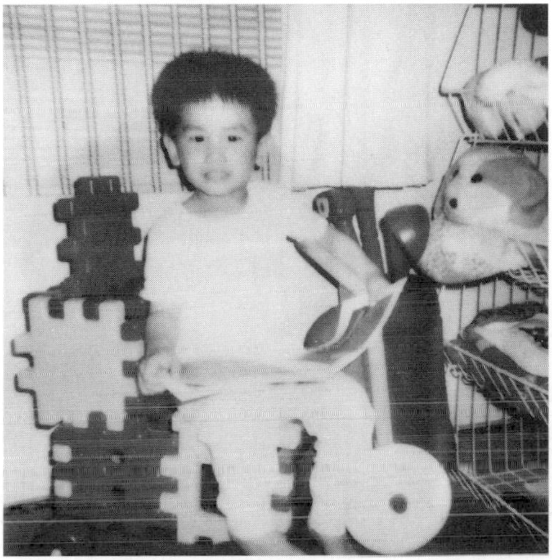

如今他已成為帥氣副機師，翱翔於朗朗長空。

在這裡要來談談接近的方法。客戶的心態往往是這樣的：我本來不想要，業務員來了，讓我開始去思考，但平常就算我有想到，也不會主動找業務員買保險。所以，接近的困難度就產生了。你去拜訪時，除非對方真的已閒到沒什麼事可做，否則他永遠不想接見你；就算接見你了，也總是最後一個順位。因此，非採取強烈的手段不可，那就是**「強迫接近法」，又稱「強迫見面法」——他不想見我，我去見他總可以了吧！**

保險，就是付出與保護，就是「愛」！

有人問佛祖：「『喜歡』與『愛』有什麼區別呢？」

佛祖指了指一個孩子，只見孩子站在花前，久久不肯離開，最後，孩子被花的美麗迷醉，不由得伸出手把花摘下來。佛祖說：「這就是喜歡。」

接著，佛祖指了指另一個孩子，只見孩子滿頭大汗地在給花澆水，又擔心花被烈日曬著，自己站在花前。佛祖說：「這就是愛。」

喜歡是為了得到，而愛卻是為了付出。這就是最本質的區別：當你懂得珍惜和保護的時候，這就是愛！

第八章 察言觀色，知所進退

良好儀表，是促成勝利的要素。

很多銷售的書都說到「第一印象」的重要性。我們只有一次表演的機會，當和準客戶見面的那一剎那，也許他只是稍微抬起頭來看你一眼，然後又垂下頭去繼續辦公——然而**就是「那一眼」，勝負已經決定了！**如果你沒有辦法通過這一關，那麼往後即使再多跑幾次，再也無濟於事，你已經「出局」了。如果他對你的印象很好，那麼也許一下子你還無法拿到訂單，但只要繼續努力，終會有成交的一天。

由此可見第一印象的重要，所謂慎於始，就是這個道理。很多新進的業務員往往不明白這個道理，不知道服裝儀容的重要性，以為只要死纏爛打，就可以真情感動天，其實不曉得，這場仗打一開始，他就已經敗了，後面的再訪，只是徒增客戶厭惡罷了。

那麼，如何打好第一仗，建立好的第一印象呢？

要非常注重儀表

新進人員也許經濟能力還不是很強，但可以強調整潔。梳理整齊的頭髮，給人家精神飽滿的感覺；皮鞋要乾淨，領帶及襯衫配色要合適。

初期，我曾在永琦百貨前的地攤上買一百元三條的領帶戴，卻也不顯寒酸，只要乾淨、整齊、配色得宜，看起來就顯得朝氣蓬勃而予人信任感。

永遠掛著微笑

日本推銷怪傑原一平經常對著鏡子練習微笑，高興的笑、瀟灑的笑、不以為然的笑、輕視的笑、神祕如蒙娜麗莎的笑、令人生懼的笑（冷笑）……總計七十八種之多。

做保險做到最後，是用笑容在促成，容易的案子，一、兩種笑容就可以促成；難纏的客戶，就要動用好幾種笑容。看，多高竿！用笑容close case，你聽過沒有？可見笑容的重要性。所謂伸手不打笑臉人，最讓人沉醉的笑，是如沐春風的笑；最無邪的笑，則是嬰兒般的微笑，令人防不勝防。

以前曾在古龍的武俠小說裡讀到，江湖上有個殺手，當他要殺人的時候，都會展現嬰兒般的笑容，讓人失去戒心，但見到這種笑容的人都歸了西，死掉的人表情還相當怡然，因為他們都陶醉在那個笑容裡了。當然，我們做保險的沒有這麼恐怖，只是提醒大家笑容的重要性。

另外，微笑裡面的牙齒，麻煩刷乾淨，或者乾脆去洗牙，千萬不要露出個黃板牙或一嘴口臭，那麼再美的笑容都會因此失去魅力的。

察言觀色，知所進退

從接近到再訪，目的有二：

1.經過多次的拜訪，確定準客戶什麼時候在。

2.搜集資訊（Fact Finding）。

有些客戶早上在，有些下午才在，有些下午五、六點在，有些則忙到晚上八點才有空（譬如空運公司的老闆），有些則只有週末下午才能在辦公室喘口氣。所以，初期的拜訪，也許根本談不上推銷，你只是在確定哪一段時間，你去他一定在，而且有空跟你聊。

舉一個最佳實例

先抓對準客戶的時間

我曾經拜訪過一個旅行社的老闆，從早到晚，每一段時間我都去試過了，建議書不知談過多少回了，他好像也不怎麼反對，但就是找不到一個時間來close。每一次去，他桌上都堆滿了文件，談到一半，不是又有職員進來打岔，就是電話鈴響這支還沒講完，另外一支又響了，弄得整個營造的氣氛都無法連貫。每次電話一掛，剛剛講到哪裡都忘了，又得從頭來過，你說苦不苦？

Chapter 1

勇氣的重要

我一直在想，如何突破。那是民國七十二年的六月，第一屆東京國外旅遊競賽，從七十一年七月一日至七十二年六月三十日，業代組FYC（首年度佣金）六十五萬，已經進入倒數計時了，所以非close下來不可。

最後，我向他的祕書打聽：「董事長通常幾點到公司？」她說大概早上八點吧。過幾天，我起個大早，七點三十分就到他公司去了，祕書七點五十分才來，看到我嚇了一跳，我就坐在董事長辦公室的沙發椅上等他，祕書遞給我一杯茶。八點五分王董進來，看我坐在那兒，也嚇了一跳說：「怎麼這麼早？」

等他坐定位後，這時候桌上什麼文件也沒有（昨夜下班前，祕書收得乾乾淨淨），也沒有電話打進來。說時遲那時快，我把要保書往他桌上一放，

小兒子是舞蹈界的明日之星，集跳舞、編舞、教舞三大才華於一身。

「簽！」口令一出，整個大桌面上只有一張要保書，只見他慢慢拿起筆，簽下「王士華」三個字（某旅行社董事長），接著說：「去，跟我會計開票去！」哇！好痛快的一場勝仗。

那張保單至今仍有效，後來陸陸續續地，他太太、兩個兒子也都加保了。雖然這是個成功促成的案子，但足以說明抓對準客戶時間的重要。

開始做資料搜集

等到時間抓對，我們才開始做資料搜集（對了，如果你一直抓不住客戶的時間，或者他經常出差、出國，縱使他多有錢、經濟能力再好，我也勸你放棄，不要打飛靶，莊子曰：「以有涯隨無涯，殆矣。」）。

搜集的資訊包括：

1.家庭成員及經濟狀況。2.現有保單。3.嗜好和運動。

家庭成員有哪些？已婚？未婚？幾個小孩？小孩幾歲？本人及配偶年齡？太太有沒有上班？一個月的收入多少？有無買房子？座落在哪裡？幾坪？有沒有其他不動產或其他投資？開什麼車（業務員對車子多少要懂，建議要涉獵這方面的期刊）？

這些都弄清楚了，有助於我們了解將來給客戶的建議書要怎麼規劃、多少保費，是夫妻互保，還是個人附全家醫療。關於這點，後面的章節再加以深入討論。

Chapter2

向高收入挑戰

待業的年輕人總是充滿疑慮（恐懼）地問我：「保險業真的能做嗎？」
說來好笑，你應該問問你自己：「我真能做保險嗎？」
來保險公司，即使一年半載陣亡了，也穩賺不賠，因為你：
練了膽子，練了人際，練了應對，練了說話，練了臉皮，
練了心智，練了察言，練了身段，練了讚美……
練成一身本事，你還怕找不到工作嗎？
就是到了其他行業，也肯定出類拔萃！

第九章 第一印象：三十秒破冰之旅

察言觀色，入山看山勢。

接近，就是破冰之旅（Breaking Ice），除了重視儀表、微笑與知所進退外，尚有一戰術：**「輪盤話術」，不斷地變換話題，直到客戶臉上發光為止。**為什麼要如此？因為客戶原本是這麼想的：「保險是你家的事情，你只是要把我口袋裡的錢提出來，放到你的口袋去，我怎麼會有興趣。」所以，你必須談一點有關他的事。每個人談自己的事總是最有興趣，包括自己的名字。**先順著客戶的感覺走，再把客戶的感覺拉回來順著我們走！**

所以你必須察言觀色，入山看山勢。例如：看到準客戶的全家福照片，馬上讚美照片裡他的家人：「哇！你的兒子天庭飽滿，將來一定很有福相。念哪個學校？南山高工，好耶！」如果你說他兒子四肢發達，頭腦簡單——毀了！或者說壞學校也有好學生——那毀得更慘！若說行行出狀元嘛，有一技之長在身勝過讀萬卷書，這就對了。

投其所好不離題

若看到牆角擺了一套網球拍，我們就談費德勒、蠻牛、馬克安諾、藍道、西德金童貝克、瑞典好手艾柏格，手上老喜歡戴EBEL的手錶、瘦瘦高高的好帥華裔小子張德培（「五盤張」老是力拚五盤，打得對手棄甲歸田，藍道就曾經這樣子栽在他手下），一直到紅遍半邊天的山普拉斯，發球前先搖兩次船，腳尖還翹起來，深邃的眼神、濃眉粗毛，身手硬是了得。還有庫瑞爾（和馬克安諾都已轉為球評）也是一級好手，打球老是戴個帽子，拉拉帽簷，壓壓帽尾，整整齊齊，斯斯文文，以球賽輸贏為己任，置個人形象為第一。發球怪傑依凡塞維奇更是一絕，發球決生死，不是你死就是我活，省掉好多奔波。

如果準客戶牆壁上有一張麥可・喬登飛天神牛的玉照，那你跟他談ＮＢＡ，鐵定錯不了！從早期的紐約尼克隊到近期的紐約尼克隊，從湖人隊的鐵三角（賈巴、渥錫、魔術強生）到公牛隊的鐵三角（喬丹、皮朋、歐尼爾），惡漢巴克利更是少不了，籃壇後浪推前浪，各領風騷數十年。

要是你看到一套高爾夫球桿，那你知道要談什麼了吧？「打幾年了？差點多少？……哇！真是pro（普羅級）！揚昇、長庚、台北球場覺得怎麼樣？大溪鴻禧球場打過了沒？白鷺鷥雲集，蔚為奇觀，只不過每一洞似乎都可看到果嶺。泰國普吉的藍峽谷（Blue Canyon）打過了沒？」若聽客戶說「Double eagle」，你回：「什麼？是兩隻老鷹在天空飛嗎？」那你就玩完了！這是「低於標準桿三桿」的術語，國內名將陳志忠就曾打過大老鷹而轟動武林，驚動萬教呢！

如此一來，談網球，細數明星如數家珍；高爾夫，K它幾期高爾夫文摘，打打練習場，每一個術語、每一支桿子、每一個球場你都能娓娓道來，不用手打，用嘴巴一樣打得嚇嚇叫——你說，客戶怎麼會不喜歡你呢？酒逢知己千杯少，客戶一開心便說：「你要什麼？南山人壽，好！」

想打入高收入族群，要認識高級進口車

至於汽車，那真是非得下一番功夫好好研究不可了。市面上有關汽車的雜誌林林總總，每個月你都要買來涉獵一下，比如：《汽車購買指南》、《一手車訊》、《極速誌》等。

汽車在現代人的生活裡面，已成必需之交通工具，在上流社會裡，更成為男

財富這東西不是掙來的，而是自我成長的結果。

人事業成功的表徵，中外皆然。男人有了錢，除了三妻六妾不談外，不動產、汽車皆是炫耀的資產。更何況，台灣是全球高價位汽車的行銷聖地，新款車型全球首站發表往往選在台灣，可見其消費能力之超群。

所以，如果你想打入高收入族群的客戶，必然要對高級進口車有一番認識才行。君不見美國行銷高手班・費德文，每天晚上無論多晚回到家，皆要再研讀一、兩個鐘頭的書。日本推銷之神原一平，每個週末都浸在圖書館（他跟他太太說是去跟小老婆約會了）猛K書，為的是什麼？就是為了施展「輪盤話術」：除了專業的人壽保險知識外，還要多所涉獵各方面的常識，深入淺出，讓客戶跟你聊得非常愉快之外，還能有所收穫。

所謂**「當客戶想到你的時候，不一**

定是保險；當客戶想到保險的時候，一定想到你」，就是知識與常識發揮到極致的寫照。所以建議大家，週末不妨逛逛金石堂、誠品等書局，看看有什麼新書上市。

博聞廣見話題多

餅乾店廣告也是準客戶名單

我曾在《常春》月刊上看過一則進口食品的餅乾店廣告，就把它摺了起來，第二天帶到辦公室去打電話（不要忽略了這個動作，所謂「保險生活化、生活保險化」，就是這個道理，晚上翻閱書報，除了進修、增廣見聞外，也可增加準客戶名單）。

接電話的是江老闆，聽聲音年紀不是很大，我總共動用了三個餌，第一個是個人壽險，他覺得還沒賺到錢，沒有什麼必要；第二個是員工團體壽險，跟第一個理由一樣：公司都沒賺什麼錢，怎麼買保險？

最後我問他：「有沒有外勤員工？」

「當然有。」

「那有沒有買員工意外險？保費很便宜，萬一員工出了事，我們做雇主的，可招架不住。迪化街就發生員工騎機車身故後，家屬因不滿公司只有勞保給付幾十萬，抬棺到店門口抗議的事，後來老闆賠了一百萬了事。您看，幹嘛幾千元不花，去花那幾百萬呢？」

「有這種事？那你先寄目錄過來看看好了。」

魚兒上鉤了。**打電話過去時，不要忘了先讚美他們的廣告。**人嘛！花了錢，總想有價值，你讚美他的廣告，他就願意往下聽。

初見面就喝到香檳

後來我依例寄了目錄給他的祕書。過幾天我就親自登門拜訪了，見到江老闆——Simon，帥帥高高的年輕老闆。

「你就是林裕盛？」近視眼鏡後面的眼睛骨碌碌地打轉，很快地上下打量了我一遍。我當然也如法炮製，只是眼神畢恭畢敬。

打哈哈了兩句，猛一看，注意到他桌上有一付雷諾汽車的鑰匙，「哇！老闆，您開雷諾汽車，是幾號？」

我想如果是雷諾九號就遜斃了，結果他回答：「雷諾21。」

「哇！您真內行，雷諾21。」我流露出肅然起敬的神情，「那是法國總統的座車耶！儀表板像飛機駕駛艙一樣，是不是？」

他開了那麼久，總算碰到一個知音了，兩眼從斜視轉為正視，繼而發出亮光，身體向前傾，問：「你怎麼這麼清楚？」

開玩笑，汽車雜誌我K了多少年，就等這一刻派上用場。

「施小姐，倒香檳請我們這位林先生。」香檳是他們進口的商品，初見面，能喝到不容易啦！

保險生活化、生活保險化

後來他跟我結成莫逆之交，以後改叫我「老林」，不要說團體意外險，團體壽險、個人壽險，全部簽下來，我成了他們公司的壽險顧問。

由此可知：①**看書報也可以拉出準客戶，可見客戶是無所不在。②電話拜訪的要領。③感謝雷諾21，汽車知識太重要了。**

牢記推銷的六大必要

1. 乍見之歡。
2. 久處之樂。
3. 彬彬有禮。
4. 堆積情感。
5. 深信保險。
6. 誠懇相求。

第十章 推銷循環：親筆謝函①（初訪後）

幾句得體的話，可能是促成的關鍵。

在「推銷循環」裡，書信占了很大的地位與分量，薄薄的一張紙，加上適時得體的幾句話，也許就能扭轉乾坤，成為促成的關鍵。

初訪後，要親筆寫感謝接見函

一般來說，初訪後寫一封感謝接見函，促成後習慣有一封感謝函，而中間，也許有Push成交的信函順便附一些資料。如果做陌生式拜訪，我們是闖入者，回到辦公室以後馬上要附上一封表達謝意與歉意的信。

不見得要長篇大論，以一張信紙為限，或者寫在自製的小卡片上都可以。不要超過一張，因為現代人大家都忙，沒時間看你的長篇大論；也不能不寫，現代人以電話、Line和FB聯絡得多，印刷品DM也多，少有親筆信可接，一旦接到，必然有深刻的印象。

信件範例①

信件內容可以為——

××先生鈞鑒：

那天冒昧拜訪，百忙之中蒙您接見，不勝感激。下次有機會當再行拜訪向您請益。敬祝

鈞安

○○敬上

××先生如晤：

那天冒昧拜訪，蒙您百忙中抽空接見，不勝感激。雖然短短數分鐘的交談，可以感受您對工作的投入與提拔後進之心，讓初入社會的我倍覺溫暖，希望下次還能有向您請益的機會。敬祝

萬事如意　神采飛揚

○○敬上

信寄出之後，追加電話的技巧

估計客戶收到信後的一、兩天，打電話過去。

「陳先生，您好，我是林裕盛，南山人壽。」

「南山人壽？」也許他遲疑了一下。

「前兩天寫了封信給您，不曉得收到沒有？」

「喔，對對對，林裕盛，有啦！」他恍然大悟。

「下次再專程去看您，可以嗎？」

「不要專程啦，有空再彎過來，隨時歡迎！」

你看，「有空再彎過來，隨時歡迎」，不是嗎？可見短短一封信的威力。

寫信，表達了你的謝意、歉意與誠意，表達了你的專業，異於其他業務員的不學無術。同時建立並加深好的印象，把客戶對第一次拜訪時冒昧的不悅（如果有的話）完全拋諸腦後了。

人壽保險是一種生活必需品

資訊搜集完畢後，就要規劃建議書。當然，資訊的搜集可能要經過多次的拜訪，除非找到顧客的需要點切入，否則一切免談。任何產品的銷售一定要基於需要，人壽保險的前途在於這種產品是一種生活必需品，不是消耗品，更不是奢侈品。

它的特殊性則是雖然是必需品，但並不是每個人都清楚，就算有些人內心清楚，可是他不會感受到那一份迫切的需要感。除非，除非有一個不怕死、一再上門拜訪的人，一再來敲醒他沉睡的心靈，才會勾起他購買的動力。

因之，請大家牢牢記住，**我們這一行的前途，完完全全在於它是一個必要品，所以才銷售得出去。**

早走了，家人有足夠的錢繼續過活；晚走了，自己有足夠的錢繼續過活；住院了，有足夠的醫療費用去治病——人壽保險是最沒有爭議性的產品，有誰不需要？

第十一章 發掘客戶的難題

保險是完整無私的愛！

所謂遞送建議書，也就是呈遞解決方案，解決顧客的難題。在接觸之後，就是發掘顧客的難題，如果客戶沒有難題，那麼就不需要人壽保險。記住：**客戶並不需要人壽保險，他是要「人壽保險為他做的事」**，除非他知道人壽保險能為他做些什麼，否則他就不會採取行動——掏腰包購買。

前面我們說過人壽保險是必需品，所以理論上每個人都有難題，現在我們試著分析看看。

針對個別的難題出擊

1.年輕人的難題，在於「時間」

年輕人以為自己有的是時間去努力、去奮鬥、去完成夢想，他想成家、想創業、想擁有溫暖的房子，正所謂年輕人的四個大夢。問題是，他有時間去完成這麼多的理想嗎？有一句話不好聽，卻是事實：「棺材裡躺著的不是只有老人，是死人。」這道盡了多少無奈。所以只要他需要時間去完成夢想，他就需要人壽保險。

舉個例子：年輕人要不吃不喝七年半才能買一棟房子，買了房子以後成為「新貧階級」。如果他還是有勇氣跳下去，給心愛的人有個窩，免受房東之氣，那麼接下來的貸款誰付？有時間、好好地工作，當然能付。問題是，這個賺錢機器會不會中止？萬一中止了怎麼辦？銀行絕不會吃虧的，房子一拍賣，銀行就沒事了。**但買保險不是為了還有人死，而是還有人要活下去**；所以人壽保險就是一部印鈔票的機器，當主機不運轉時，它就馬上運轉，本身就是替代品，所以無可取代。

時間是年輕人最大的資本，既然如此，我們就必須為他取得無懈可擊的保障，有了家人、買了房子、繼續工作，甚至到退休那一天的來臨，在在都有責任，要盡責任，就必須有時間去努力，而需要時間，就需要人壽保險。

「戰神」年少時，攝於服役地點——高雄鳳山中正預校。

2.老年人的難題，是「保留」、「保存」

經歷了一輩子的奮鬥（沒有中途離席，也沒有中途失去工作能力），繳了大部分的稅後仍存有鉅額資產，但所謂賺錢要靠精明的人，保存錢則要靠天才。如果有必要以這一生來建立這些資產，它們就值得去保存。大部分人的結果是租借和交還，但我們不是生來為國稅局建立資產的，如果不創造現金來應付稅項，稅項就會吃掉我們的資產──你是否已了解到這一點？

根據中華民國《保險法》第一一二條、《遺產及贈與稅法》第十六條第九款：約定於被保險人死亡時，給付其所指定受益人之人壽保險金額，不計入其遺產總額計算。我們曉得之前資產超過六千萬，就要扣60％的遺產稅，永豐餘創辦人何傳過世時，繳了九億元的遺產稅，這是何等的鉅額！我有一個顧客最近為了繳交他母親過世約四千萬的遺產稅，得把祖產延平北路整棟房子都變賣，痛心啊！痛心的邱永漢在報紙上痛罵：這是什麼富人之稅？

所以，除了最後一筆吹吹拉拉的消費額外，遺產稅是所有老年資產階級的最痛。而人壽保險堪稱為他們最後之最愛，可以透過它，完成資產的保存與轉移（Estate protector & transfer project）。

3.人生三大關口的對應保險類型

我們最大的資產，不是現有的房子、車子、金錢，而是我們的賺錢能力。

但是它面臨三大關口（Our greatest asset is our income earning power, which will be subject to three disasters.）：

(1)死得太早（Dying too soon）——保障型保險。
(2)活得太久（Living too long）——養老型保險。
(3)失能（Become totally disabled）——收入型保險。

這段話請你背下來：

「我們一定有不能賺錢、沒有收入來臨的這一天。①這一天的來臨，可能是因為年老、退休，或退休之前遭遇到的意外狀況；②當這一天來臨的時候，我們不能保證我們的身邊一定會有一大筆錢。主顧先生，我想您一定同意以上兩點。所以一份保單的完整，要看是否能兼顧以上三點，缺任何一部分，都會造成風險的缺口，一旦風險侵入，則無可彌補。」

人生的目標愈大，你的努力就會跟上來，你的潛力就發揮得愈大！

万众创业

第十二章

建議書的規劃①（養老保險）

做好養老保險規劃，真正能安享晚年。

1.每月數千元，保障一百萬，退休金一百萬，滿足了中途及退休沒有收入的難題。

2.人生理財三大目標：

(1)**增加財富：**尋求一個合理、安全的理財方式，以創造更多的財富。

(2)**風險管理：**確保個人面對的責任與理想，使自己的家庭幸福，投資順利。

(3)**為將來做準備：**

①為退休做準備——根據調查資料顯示，勞保或公司提撥的退休金，只能提供個人總需要的20%或30%而已，其餘部分都得靠自己投資或儲蓄來彌補。

②為子女未雨綢繆——預先儲蓄子女教育基金、結婚費用及創業基金，以使子女可以在起跑點上勝人一籌，是每位為人父母者的心願。因此，如何為子女準備一筆可資運用的資金，也是人生理財課題之一。

3.美國《財星》雜誌（*Fortune*）統計一百位二十五歲的年輕人，經過四十年後達退休年齡時的生活情況，其中，富有者只有一人，四個人不虞匱乏，繼續工作者只有五人，剩下的九十人面臨生活難題。這些人的職業包括律師、商人、醫生、文職人員等，並非一般人認為的只有教育水準低的人，才會有這種財務的困境。

絕大多人的毛病出在——理財投資計畫被拖到永遠的明天。不曉得安全理財重要性的人，大都不了解**退休後所要面對的問題，那就是：「支出」還會繼續，但「收入」卻可能中斷**。而一些知道要在退休前做好投資者，卻在高利潤、高風險中，連本都蝕掉了。因此，確保「本」的安全，遠比獲「利」來得重要。請牢記理財三原則：安全、流通、獲利，而其中第一原則就是「安全」。

老不可怕，窮才可怕，最難賺的錢，是風燭殘年的活命錢。老年人身上背負著最沉重的錢袋——是空無一物的錢袋。

4.根據行政院戶政司的統計，到民國八十二年九月，台灣超過六十五歲的老人有一百四十二萬人之多，已正式步入老人社會。中國人以前講養兒防老，現在

奪標

千萬業務30年的必勝信念

《今周刊》第九九七期專訪〈挨罵也要找梗妙答，客戶不只息怒還加碼〉，陳永錚攝影。

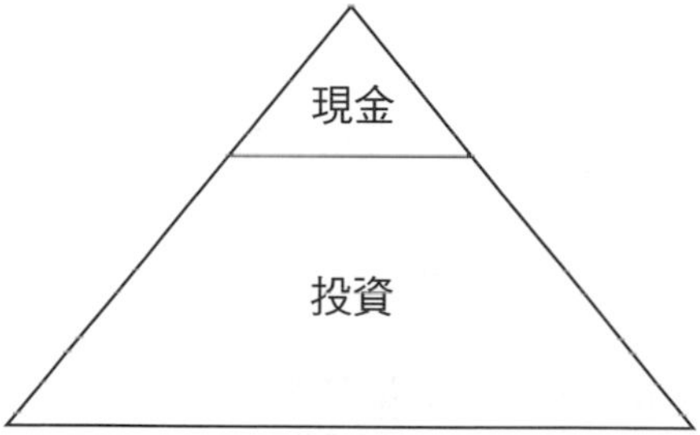

年輕人底部是投資。

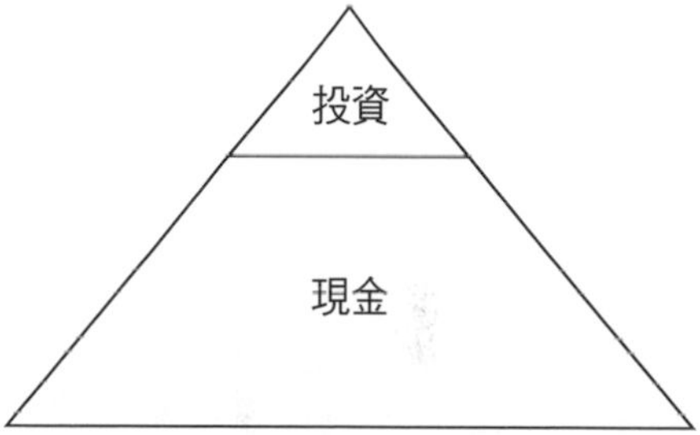

老年人底部是現金，收回投資。

也只不過是人生循環的責任交替而已。真正的準備要來自自己，所謂「好天要積雨來糧」就是這個道理。

5. 人壽保險是最無私與最自私的產品。無私的是全然的奉獻，肉體的死亡無可避免，精神上的被遺忘則無可忍受。人生有三老：老伴、老本、老狗，自私地囤積老本，才會有快樂的晚年。人生無常，保險有償——「償」在於我們全然地給予與獲得。

6. 理財金字塔：**年輕人身上不要有現金，老年人身上不能沒有現金。**

7. 共同基金是投資＋儲蓄，而**人壽保險是儲蓄＋保險。**我們不能保證你滿期時有多大的利潤，但是我們保證你一定有利潤。高利潤一定伴隨著高風險，不要把所有的雞蛋放在同一個籃子裡，要如理財金字塔做多層次的分配。如果高風險、高利潤的投資工具像是球場上負責攻擊的球員，那麼低風險、保證利潤的人壽保險就是整場比賽的守門員。

即使其他的理財工具都失敗了，我們至少還有一張牌可打。也許，最後這一張最不起眼、最不看好的牌，最後竟然給你最多。人說「天公疼憨人，愈巧愈潦」，或許就是這個道理。

8.「放銀行存比較快」的觀念：沒錯，放銀行比較快——花光。我們贊成保障買保險，投資放定存（或其他理財工具），問題是，有多少人那麼有耐心地每年去放定存？如果如此，那麼，世上可就沒有窮的老年人了！人壽保險強迫儲蓄，又可免掉所得稅及遺產稅的侵蝕，買得愈多，賺得愈多。你的口袋裡有兩種錢，一個是年輕的、現在的你，另一邊是老年的你，如果現在不會把右邊口袋年輕時賺的錢移到左邊去，那麼老年時是不會有錢的。記住，船到橋頭不一定直。

9.**老不可怕，窮也不可怕，老又窮才可怕！**人壽保險讓你免於老又窮的厄運。年輕的你不為老年的你做準備，那是年輕力壯欺負年老體衰，生命的現在式欺負生命的未來式。想像你剛拿到最後一袋薪水，搭上通往退休的最後一班公車，直達六十五歲，當你下車子，真的是最後一班了、最後一袋薪水了，你將何去何從？收入已經中斷，而支出，還要繼續，這時的步履豈止蹣跚，簡直是寸步難行。而你身上拿的這一袋薪水袋，竟是如此的沉重。

10.年輕時所有的投資、所有現金的支出，好比就打擊位置，一個球一個球打擊出去，有共同基金，有績優股票，有房地產，有人壽保險，在本壘板一棒一棒揮出去。年老時，我們已身在外野，年輕時從本壘打出的球，我們一球一球接回來，一會兒贖回共同基金七百萬，一會兒賣掉不動產一千萬，又領回滿期八百萬，年輕時的投資，一個一個在老年時獲得回收。如果年輕時不就打擊位置，那麼哪一天當外野時，你只有坐在草地上乾瞪眼的分了，只能遍嘗無球可接的悲哀。

11.有客戶會說：「滿期時領那滿期金只能買一包衛生紙，真划不來。」買保險若要划得來，就是第二天馬上「買單」。但是人死了，又哪划得來？領到滿期真划不來，可是二十年的風險度過了，又划得來……到底划不划得來？

馬戲團裡有一種表演，叫做走鋼索，拿著一根平衡桿，亦步亦趨地走向前去，底下鋪著救生網，走到對岸時，全場響起掌聲。這時候表演者可能覺得鋪這個網真是多餘的，沒有它，也許掌聲更熱烈。殊不知，不鋪這個網，也許要怪老闆粗心大意，或者故意遺漏，甚且一步都走不過去。

所以到滿期時的那筆錢划不來，這句話本身不公平，而且有點弔詭。你已經假設走到對岸，已經假設沾過了二十年，要知道，明天都還沒過了，怎麼確信已活過二十年？就算已到二十年，那是因為有人壽保險這張網，你才能全力衝刺你的事業，無後顧之憂，經過了二十年的奮鬥，你「應該」已累積了不少財富，這時的滿期金，只是錦上添花；萬一在二十年期間沒賺什麼錢，那就是雪中送炭了，有包衛生紙，總比沒有好吧！

再說，又如果二十年內跌下網去，中途離席，那**適時出現的理賠金更是家人的生活保證**，不是嗎？所謂糟糠之妻不可棄，沒有太太在後面幫我們全力持

MDRT特训营
MDRT特训营
朱立新

頂尖人物無一不是狠角色，他們不只自律，還自虐！
自我要求不高，自我管理不嚴，連自律都做不到，
還奢談什麼成功？

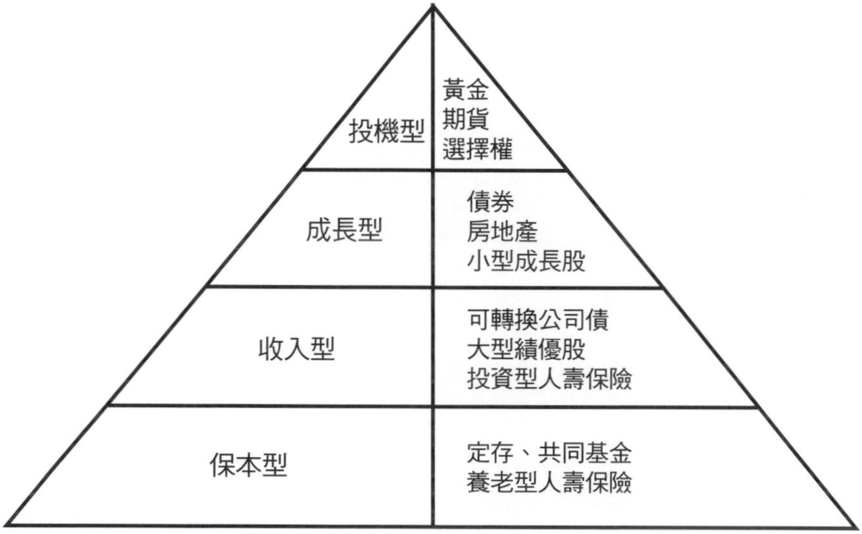

家，怎能讓我們在外面全力施展。事業有成後，能嫌老婆又老又醜嗎？所以成功的男人背後，是一個偉大的女人加一個偉大的人壽保險推銷員。

12.長期投資大贏家——時間就是金錢：財富的累積是要付出代價的！不付出代價的結果是付出更大的代價：老和窮。

你的皮包裡有兩種錢，其中一種錢是屬於你自己的，另有一種錢則屬於一位老翁所有，這一位老先生就是你將來有一天要扮演的角色。

如果你今天將老先生的錢花掉，那就是年輕時期剽竊晚年時期：今天剽竊明天，年輕力壯剽竊年老體衰，生命的現在式剽竊了未來式。

年老或貧窮並不可怕，當一個人到

老又窮的時候才是真正的悲哀。人壽保險將堅定你的決心，使你能夠永遠免於到了晚年老又窮的厄運！

13.人生過四十歲以後，即應對退休做打算，每一筆開銷都要謹慎，不能漫無目的地支出。定期保險固然便宜，但有云：「練武不練功，到老一場空。」足見養老壽險的重要性。

根據內政部的統計，如果六十歲退休，男性的平均餘命還有七．七年，女性還有二〇．一二年，假設包含生活費、零用金、意外準備金等，一個月估算為兩萬元的話，再以退休後尚有二十年的老年生活計算，則需要四百八十萬元。

但這時需把通貨膨脹率算進來（**下頁表一和表二**）。如果預期通貨膨脹率為5％的話，剛退休的錢到了第九年，其購買率大約減為75％，十五年後則減為一半，由此可知，四百八十萬怎麼夠供給二十年的退休生活！換算回去，至少要有八百萬才夠。這時候，有兩種規劃方式：

⑴不計算原有的保單，直接用20EP（二十年滿期養老險）去換算，800÷259＝300萬保額，一年保費二十四萬，二十年內每月提存兩萬，保障退休後每月兩萬元的生活品質。

⑵扣除原有的保單、勞保、勞基法退休金後（**第一一四頁，表三**），重新以所需淨額去除以259萬，得為20EP的保額。

這樣子，就是針對需要賣保險，而不是糊裡糊塗地設計保單，甚至於為什麼要規劃這種保額，客戶不知道，你也不知道。

通貨膨脹成本推算表（表一）

時間 成本 通貨膨脹率	今天	5年	10年	20年	30年
5%	1,000元	1,276元	1,630元	2,653元	4,321元
8%	1,000元	1,469元	2,159元	4,661元	10,063元
10%	1,000元	1,611元	2,594元	6,727元	17,449元
12%	1,000元	1,762元	3,106元	9,646元	29,960元

＊資料來源：The Dow Jones. Irwin Guide to RETIREMENT PLANNING Vicker
作者：Ray

國內通貨膨脹率（年平均物價漲幅）（表二）

時間：民國57年至72年二十年來計算	
漸進通膨	扣除二次惡性通膨（石油能源危機），每年物價平均漲幅3.6%
	計入二次惡性通膨（石油能源危機），每年物價平均漲幅7.4%
惡性通膨	62年至64年間惡性通貨膨脹率最高漲幅55%

＊資料來源：根據行政院主計處公布的「台灣地區消費者物價指數銜接表」推算

下定決心做出選擇，真正愛你的人們就會接納你的選擇並支持你。
新《雙贏》新書發表會後，林裕盛和兩名帥兒子（右：老大，左：老二），與寶瓶文化社長朱亞君合影。

退休金預估表（表三）

預計退休年齡：　　　　本人：＿＿＿＿＿　　配偶：＿＿＿＿＿

收入來源	歲開始有該項收入	自己與配偶總共的退休收入金額及期間	夫妻之一去世後，另一人繼續獲得的收入金額及期間
1.公司退休金			
2.勞保公保給付			
3.人壽保險給付			
4.直接投資企業利潤			
5.兼職或專職工作收入			
6.兒女奉養金			
7.投資信託基金的預期報酬			
8.出售資產的利得			
9.金融性資產的收益			
10.投資實質資產的利得			
11.其他收入來源			

第十三章 建議書的規劃②（子女教育基金）

規劃子女教育基金，是出於深深的愛。

話術

兒教的銷售是「愛」，訴諸父母「望子成龍，望女成鳳」的心理。

1.兒子啊！我要你比我強。

2.不要輸在起跑點上。

3.父母在時，當然有錢讓子女上學；萬一父母不在時，如何確保子女的教育費用？

4.父母的責任，不在於遺留給子女多少財富，而是讓他完成教育，具備在社會上立足打拚的本錢。美國總統約翰•甘迺迪曾說：「對於我們國家未來的主人翁，並不在於遺留給他們多少財富，而視乎其完整教育的養成，俾使卓然獨立成奮鬥的力量……」

5.人壽保險公會統計，由壽險新增保單內容來分析，可以看出孩子的教育、養老及節稅（遺產稅）是投保壽險最強的動機。

6.低學費時代已經過去了！隨著物價漲升及軍公教人員調薪，國內各校學雜費也連年調升。

7.從幼稚園開始，甚至更早從三歲開始，各種圖書、文具費用便開始支出，一直到大學畢業或出國留學為止。這真是一筆長期的負債，如果不及早規劃，一旦碰到事業失敗或者家庭變故，必然會中輟。這筆費用如果從小到大全部是公立學校，則需五十二萬七千元左右，如果換成全部是私立學校，則將高達一百五十五萬，所以必須提前儲蓄。一般來說，有幾種方法：

(1)定存，每月挪出收入的一部分做為規劃，絕不可輕易挪用（子女每人每年有兩百萬免贈與稅）。

(2)如果一時手頭很緊，可向銀行融資助學貸款，現在新銀行遍布，如果金額不大，做消費性貸款，通常不需抵押品，且很快就會被核准。

(3)假如手上有餘錢，可逐月逐年投資小額共同基金，長期投資，既可累積教育費用又有生財之道，且免去稅項的負擔，一舉數得，讓我們輕鬆地籌足學費。

母親是林裕盛的摯愛，也永遠是他最有力的心靈支柱。

(4)所有的專家都鼓勵父母投保子女教育保險(經濟許可的話),雖然這種保險的紅利不高,但貴在父母發生不幸時,除了子女可馬上領取一筆不少的理賠金外,以後的保費豁免,同時還可繼續領取教育基金,這是其他各種保險所不能提供的條款。

產品設計

同樣是由所需的教育費用倒推回去,而不是以「某某人保額五十萬,另一個準客戶一百萬免體檢」為規劃。

例如:如果客戶的小孩從小到大都要讀私立學校,那麼前面談過約需一百五十五萬。子女教育基金投保一百萬可領取一百七十一萬,因此,可建議讓準客戶投保一百萬額度。餘者類推。重要的是,要讓客戶知其然,了解保額的設計由何而來。

第十四章
建議書的規劃③（終身險）

終身險有多重保障。

規劃購買終身險的三個目的

1.延續附加醫療險，特別是不能單獨投保的醫療保險。如果是為了此一目的，主約只要購買最基本保額即可，意思意思，主要為延續醫療險的生命。

2.「最後消費額」用。如果英年早逝，白髮人送黑髮人已經夠悲哀，還要父母籌措這筆錢，怎麼對得起父母？若是安享天年，現在的行情，打鼓奏樂的外加

第十七屆南山人壽高峰會議上，與夥伴們合影（右五為林裕盛）。
盛哥為當屆會長（第三次高峰會會長）。

Chapter 2

向高收入挑戰

活著的每一瞬間才是我們的！做保險要快樂！
盛哥遠赴芝加哥演講。

一小坪地，百來萬元跑不掉，而讓子女們我出多少、他出多少的，情何以堪？

3.最最重要的，家大業大，遺產稅一「拖拉庫」，怎麼辦？透過高額的人壽保險，不失為節稅的良方。這不是逃稅，不是避稅，而是正大光明，有法律條款保障的節稅。

法律條款保障的節稅方法

我們先談談幾個重要的條款：

1.保險利益

《保險法》第十六條規定：①本人或其家屬；②生活費或教育費所仰給的人；③債務人；④為本人管理財產或利益之人。

2.破產問題

凡是指定受益人的投保壽險，所繳的保險費，在法律的保障下，是不會受到損失的，因為《保險法》第一二三條規定：「要保人破產時，保險契約約定有受益人者，為受益人之利益而存在。」據此，萬一一家之主橫遭變故，在世時雖有負債，但周轉有門，一旦去世，人在人情在，人亡人情亡，所有的債主登門，孤兒寡女的生活怎麼維持？如果有人壽保險金的理賠，則債權人無法要求支付為欠款，可確保遺族的生活。

3.所得稅問題

《所得稅法》第四條第七款規定：凡為人身保險的保險給付，不論其項目名詞，均可免納所得稅。每人每年二萬四千元保險費得認列舉扣除額，申報個人綜合所得稅。

4.贈與稅問題

贈與稅即將提高到20%。其實：①當你的賺錢能力超出家庭生活水準所需時，多餘出來的只是帳面上的數字而已。②如何運用這些數字做一件有價值的事，才是最重要的。③保險滿期的「受益人」填上子女的名字，就成為合法的免稅贈與。

5.遺產稅的問題

遺產是人的一生財產正數的總帳，數額愈大，稅率愈高，稅款自然龐大，這是現代國家通例。如果遺留的不動產多，現款少時，為了倉促之間克盡繳納遺

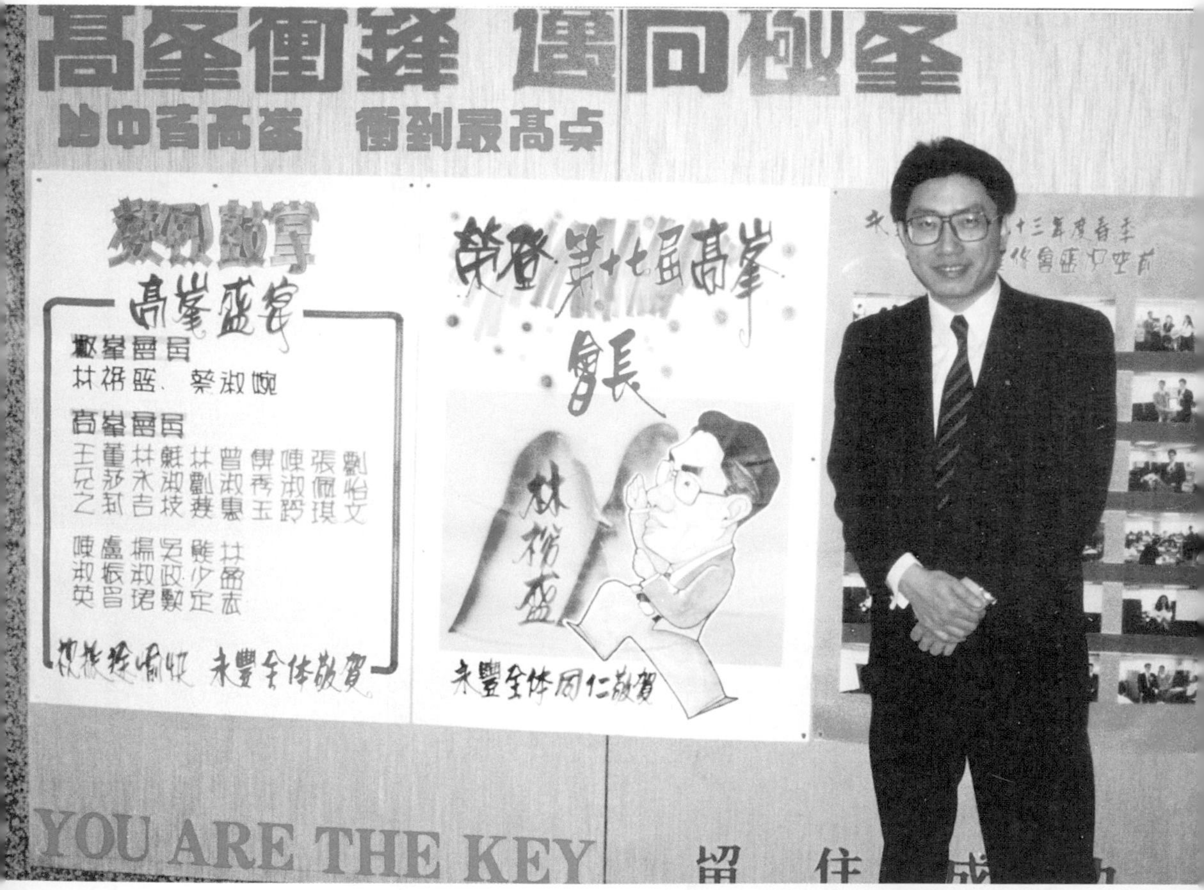

雖然當選三屆高峰會議會長，但是，「高峰」是林裕盛永遠等待超越自我的高度。

Chapter 2

向高收入挑戰

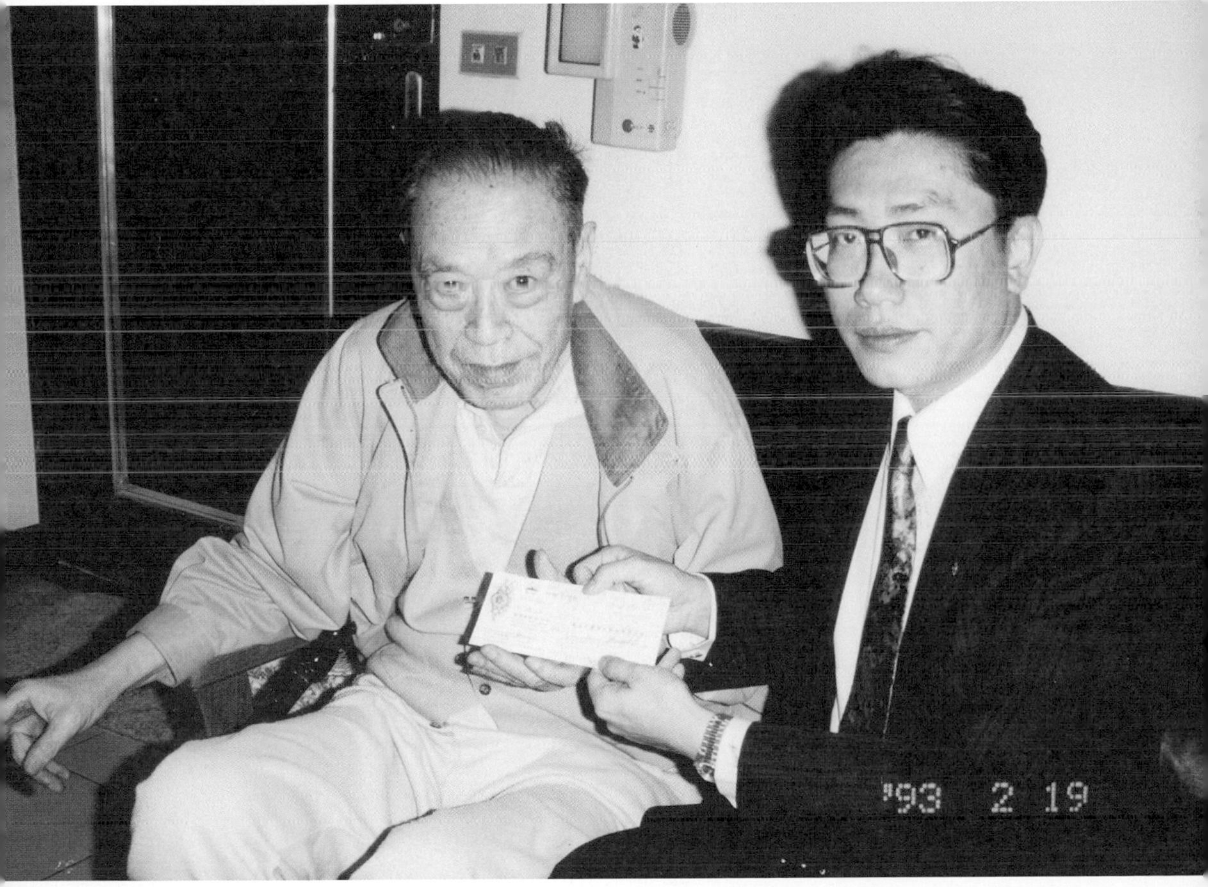

買保險的動力和目的，起心動念於「愛」。

產稅的責任，往往措手不及，或周轉失靈，或高利舉債，乃至變賣不動產，致使歷盡千辛萬苦經營的產業蒙受極大損失，甚或付諸東流。

因此，自不能不及早做好萬全的準備。股市名人——華隆掌門人暨立法委員翁大銘年少時蒙父猝逝，除了家產被一干伙計瓜分外，又留下龐大遺產稅，纏訟多年方始解決，最後並演出「王子復仇記」令人津津樂道，激賞之餘，不得不覺遺產稅威力之大。

(1)納稅義務人應於被繼承人死亡之日起六個月內，向戶籍所在地主管稽徵機關依法辦理遺產稅申報。

(2)約定於被保險人死亡時，給付其所指之受益人的人壽保險金額，不計入遺產總額（《遺產及贈與稅法》第十六條第九款視之）。

(3)保險金約定於被保險人死亡時經付其所指之受益人者，其金額不得做為被保險人之遺產（《保險法》第一一二條的規定）。

第十五章 遺產稅節稅計畫案例①

為什麼您需要買保險？因為您需要錢！

以上講的是保險可以迎刃而解的問題。接著我們來看看人壽保險（終身壽險），如何解決遺產稅之憂。

大保單的銷售，必須符合下列三項條件：

1. 有大量不動產。
2. 有現金（有錢人而非好野人）。
3. 身體健康。

「陪伴媽媽好好走完人生路」是林裕盛的自我許諾。

嶄新的保險觀念：資產轉移計畫

我的一位老客戶在民國八十年元月時因重感冒住院，照慣例，我幫她安排醫院及大夫（一流的服務主動出擊，而不是等待客戶寄診斷書、資料來才被動服務）。

到醫院陪她聊天時，知道她將再購置一棟辦公大樓，以為公司所用，而其原先已有住宅一戶在北投東華街價值約一千五百萬。夫妻兩人才三十來歲，從事電腦外銷工作，公司不大，業績卻非常好，由於分散客戶至歐洲，生意不但未受景氣影響，反而獲利成長了許多，所以也累積了相當的盈餘以置產。

當時，我就提供意見如下（病榻前，頭腦比較清晰）：「根據《保險法》第一一二條及《遺產及贈與稅法》第十六條第九款規定：約定於被保險人死亡時，給付其所指定受益人之人壽保險金額，不計入遺產總額。」以上內容，我口氣背給她聽。

我接著又說：「您在年輕時努力工作，累積了財富，同時將現金轉換成磚塊。記住！磚塊是不能移動的。然而，最後的結果是租借和交還。如果您在生前不妥善做好資產（遺產）的規劃，將來只是為國稅局累積資產；您並不是為此而努力的，不是嗎？」

她當下一聽，頗感興趣，表示願聞其詳。

沒有人願意辛勤一輩子的結果是被別人輕易掠奪，老年人才發生的保存資產難題，已在年輕的「新貴」身上來臨，因為，我們無法知道生命的終止線會在哪裡劃上，但是，我們總可以在劃上時，讓稅項的衝擊減至最小。

她出院後，我幫他們夫妻各規劃了IPLP（新二十年限期繳費特別增值分紅終身壽險）二百五十萬的計畫，年繳二十三萬，經過數次的研討後終於定案（年繳二十三萬，二十年總繳四百六十萬，卻能創造兩千萬的免稅現金，用以去保護至少六千萬的資產，以小搏大，折扣的新台幣，在此發揮到極致。客戶可以不採取行動；但是不採取行動，將來付出的代價更大）。

此客戶之前已投保EP及SAEP（新二十年期特別增值分紅養老保險）年繳四十萬。

以前並曾訴求終身險給他們，但並沒有此次的功效。由此可見，台灣年輕一代的企業家已能接受嶄新的保險觀念：資產轉移計畫（Estate-transfer Protection Project）。

但是，業務員素質與專業素養的提升，卻也是刻不容緩的事。

為什麼您需要買保險？因為您需要錢！

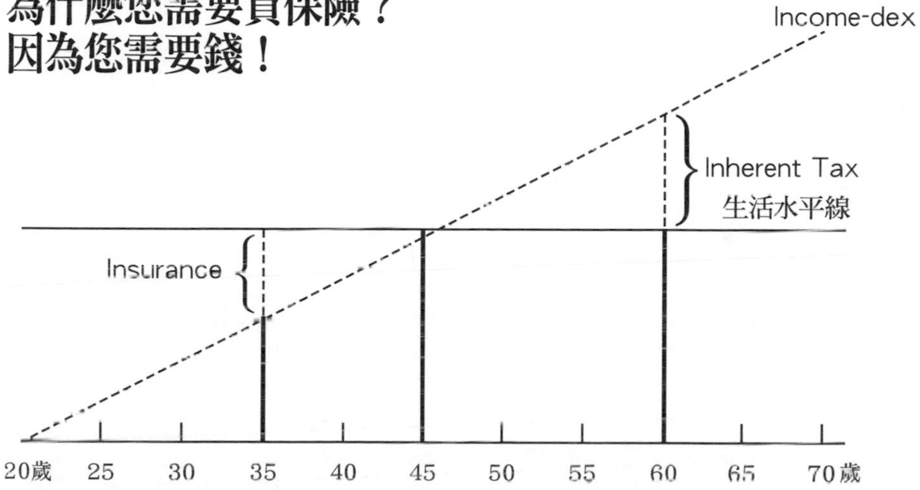

假如垂直線代表一個人的生命終止線，您能決定要劃在哪裡嗎？任誰也無法猜出他能活到幾歲。

假如生命終止線是劃在六十歲，為避免不動產被拍賣，多年的辛苦白費，需要一筆身故保險金來繳充遺產稅及最後消費額。

假如生命終止線是劃在三十五歲，為使家人能繼續享有目前的生活水準，需要一筆身故保險金來保障家人的生活。我們所要做的是留下能照顧家人的東西，而不是要家人照顧的東西。

保險，它使我們在遭受意外或疾病時，還能存有希望。

保險，它的主要目的在創造現金——以前從沒有的現金。

保險，它滿足我們對金錢的需求及對家人完整的、無私的、愛的整體表現。

購買終身險，只是兩個戶頭的錢交換

政府鼓勵國人投保，訂有稅項優惠，透過終身壽險，可以合法規避遺產稅。舉例來說，以一名六十歲孤寡的老人而言，若他擁有一棟價值千萬的房子準備遺留給子女，那麼他要如何規劃保險，以保護資產？

我們知道，根據遺產稅率，其繼承人須付30%的遺產稅，子女若手邊沒有這筆三百萬的現金繳交遺產稅，那麼這棟房子很可能被拍賣掉。這時，該老人可購買三百萬的終身險，或是一百五十萬的終身險，搭配一百五十萬的定期險，保費一年約三十萬，每月存兩萬五千元左右。一旦過世，子女若是指定受益人，則這筆保險金的理賠不計入遺產稅額，子女就可將之繳交國稅局，保全了房子。

因此，購買終身險只是預先將遺產稅算出，分攤做二十年繳交，在保險公司開個戶頭每月存兩萬五千元，保險公司也為你開個戶頭三百萬，當那一天來臨，只是這兩個戶頭交換。因為**遺產稅仍舊要繳交，問題是誰來繳，子女或者保險公司而已**。所以，磚塊（不動產）多而現金少的好野人，可趁早規劃，透過人為保險來達到轉移資產的目的，而不是捐贈或失掉。

第十六章 逃稅、避稅、節稅的差別

保險是規劃節稅的正途。

賺錢要靠精明的人，保存錢財則要靠天才。而所謂保存錢，就是資產轉移計畫。

資產的轉移必須經過先前精心地安排，同時注意稅制的規定，免得引來子孫的糾紛，甚至大打官司。

節稅＝正大光明減省稅金

一般讓稅金的減少有三種方式：逃稅、避稅和節稅。顧名思義，「逃稅」即是違反法律規定，不但無法省稅，一旦被稽徵機關查獲，反而會被重罰，得不償失。「避稅」，聽起來總不太順耳，所以我反對「規避」遺產稅的字眼，雖然沒有違法，總覺得怪怪的。鑽營法律漏洞是也。最後是**「節稅」，符合法律的條文規定，正大光明減省稅金，何樂而不為？**

針對避稅、逃稅、節稅三種方式，前財政部長王建煊曾舉了一個非常好的例子：一對夫妻必須合併申報所得稅，高所得的一群，當然繳高累進率的所得稅。現在有一雙男女，如果在十二月底結婚，但他們不辦戶籍登記，等到第三年初再合併申報，這就是一種「逃稅」行為。如果不在十二月底結婚，先行同居，依照所得稅法規定，可以等到第三年再來合併申報，這是避稅，走法律漏洞。又假若他們兩人不結婚，也不同居，忍一下，等到新年元旦再結婚，這時就是節稅，符合法律條文的規定來省稅。

仔細規劃最後一件禮物

透過適額的人壽保險，可以讓我們一生辛勞經營的結果完整地移轉給下一代。

當我們贈送最後一件禮物給子女時，必須注意其間的七折八扣，除了遺產稅處理過程中必須支付的律師費、會計師費、債務外，最大宗的就屬遺產稅了。這些費用的支出都必須以現金支付（可視情況申請分二至六期支付，但以三個月為限）。問題就在於，假如遺產中的現金不夠，子女就得變賣資產以得到必要的現金。

面對此一情況時，資產短期、強迫出售，碰到不景氣或行情不好時，可能賤賣而蒙受不少損失。

怎麼樣尋求足夠的現金來應付稅項？一般分四種：人壽保險、上市的股票、珠寶與存款。而第一項則提供了可觀的變現性，原因有二：

1. 人壽保險相當安全，在你最需要時，給你最多的現金。

2. 以一生的時間慢慢分期付款，往往保費的總額不會超過人壽保險的給付。

因此，利用一部分的錢，就能滿足整個遺產稅金的支付，人壽保險不失為取得最後一筆開銷時經濟而有效的方法。

被繼承人的免稅額

被繼承人的免稅額是兩百萬元，但如係軍、警、公、教人員因執行任務死亡，提出其死亡服務機關出具執行任務死亡證明書者，為四百萬元。

可以扣除的項目有哪些？

1.配偶扣除兩百萬元。
2.受扶養子女每人扣除二十五萬至屆滿二十歲。
3.受扶養父母每人扣除二十五萬元。
4.喪葬費用扣除四十萬元。
5.執行遺囑及管理遺產的直接必要費用。

不計入遺產總額的財產有哪些？

1.《遺產及贈與稅法》第十六條第九款、《保險法》第一一二條規定：約定於被繼承人死亡時，給付其所指之受益人之人壽保險金額。

2.《遺產及贈與稅法》第十六條第十款規定：被繼承人死亡前五年內，繼承的財產已納遺產稅者，可不計入遺產總額。松下電器董事長洪敏隆於七十九年二月過世，而洪敏隆的父親——企業名人洪健全是於民國七十五年過世，當時其遺產金額相當可觀，使得遺產稅問題備受各方矚目。因此，有關洪敏隆的遺產稅的問題，凡是得自父親的遺產部分，不用在五年內再被課徵一次遺產稅。

銀行存款和保管箱財務

銀行存款和保管箱財物也要申報遺產稅，繼承人若漏報，容易被查獲且要補稅。

1.開保管箱

死者遺族要開保管箱，得會同稅捐機關。

2.存款部分

由利息所得取得銀行資料，並推算存款總額。如果病危時轉帳，國稅局將來也能循線追查。

3.查獲而補稅實例

台北市國稅局曾查獲一個案子，繼承人只申報不動產三千萬，繳了一千萬的遺產稅。但子女並沒有申報死者的存款，經稅捐機關查獲後，補稅兩百多萬，加上罰款，總共五百多萬的稅款，划不來呀！國稅局表示，除了家裡藏的現金、首飾、黃金難以追查外，不動產、股票、存款和銀行保管箱內的有價物品都很容易被查獲，千萬不要以為只要申報不動產就好，免得被罰補稅收場。

企業大戶避稅招數

企業大戶過世後，除了新生代的接棒問題，有關遺產稅的申報真相，也往往引起社會大眾及財稅機關的高度關切。由於企業人士財富的累積，除了自身的努力之外，整體社會環境的配合也是功不可沒，因此，透過課徵的途徑，取之於社會、用之於社會，實為社會正義精神之所在。

因此國內著名的大企業，大都愛惜自己的形象，生時活躍於社會的舞台，死時也留下納稅典範，如：永豐餘大家長何傳，七十八年過世時以「寧可多繳一千萬元，不可漏報一千元」的遺示，創下國內最高遺產稅額十億元的空前紀錄；新光人壽吳火獅及國際電化洪健全合計申報四億餘元。翁明昌（翁大銘之父）於民國六十六年過世時，繳交兩億五千萬元的稅。

不過，仍有少數不肖的企業，採取下列避稅招數：

1. 透過財團法人名義，將遺產中的大部分「依法」捐贈給財團法人，使政府得不到遺產稅，而這些財團法人實際上仍為其家族人士所接管。
2. 製造假債權。這是國稅局最感頭疼的問題，因為假債權的提出往往因為時間落後，使得查證工作不易進行，其中若再加上繼承人拒絕合作，更是形成稽徵上的困難。
3. 部分行庫基於本位立場，拒絕與稅捐單位合作，而使得查核進度遲滯。
4. 部分繼承人將有關的財產，以現金方式轉移，企圖湮沒查核的線索。

以上四種為「智慧型」的避稅手法，使得稅捐單位防不勝防。但是，徵納雙方的「對抗形勢」，並不容易改觀，對於遺產稅的徵收，以現今財政赤字來看，必須貫徹始終。雖然如此，稽徵的多寡尚在其次，社會正義原則的堅持，才是我們所要計較的。

「避稅」招數的攻防戰，爾虞我詐。因此，何不以正當的人壽保險來規劃節稅的坦途？精明的企業家，請愛惜您的羽毛吧！

「限定繼承」及「拋棄繼承」

所謂「繼承」的意義，在於繼承被繼承人財產上的一切權利義務。因此繼承人除遺產之外，債務也一併繼承下來。遺產超過負債較為常見；但被繼承人的債務超過遺產的也不少。這時候，如果沒有其他制度幫忙，繼承人繼承了一大堆負債，危及子子孫孫，那豈不悲慘？因此，我國《民法》上有「限定繼承」及「拋棄繼承」兩種制度。

所謂「限定繼承」，是指以繼承所得的遺產償還被繼承人的債務，如果不足償還，也不會影響到繼承人自身的財產。若遺產大於負債，繼承人仍可就剩餘的遺產享受權利。而所謂「拋棄繼承」，顧名思義為拋棄被繼承人所有的資產和債務。

關於這兩項制度，其他要了解的還有：

1.「限定繼承」適用於資產不明的情況。如果確知被繼承人的負債超過資產，則可直接「拋棄繼承」。

2.繼承中一人主張「限定繼承」時，法律上，視同其他繼承人也同樣「限定繼承」。

3.拋棄繼承須在知道被繼承人死亡之兩個月內以書面向法院申請。「限定繼承」為三個月內。

4.被繼承人死亡前所做的限定繼承或拋棄繼承均無效。所以兄弟於父母死亡之前要求姊妹出具拋棄繼承的聲明書，不具任何法律效力。

《遺產及贈與稅法》之特定對象查核

小心，總有一天等到你

為遏阻企業集團藉課稅死角逃漏遺產稅及贈與稅，財政部祭出剋漏法寶：凡是持有股票上市或公開發行的股份達5％的董監事及其二等親屬名單，將一律建檔，以定期調查財產異動情形。一有漏稅嫌疑，專案追查。

台北市國稅局曾指出，第一代企業家的遺產稅大部分都課不到，不過要讓第二代企業家逃不掉——幾個主要人物的身價不是幾十億就是百億以上，真的是

「總有一天等到你」。個人生命有限，國家生命無窮，以無窮等有限，贏矣！

此外，國稅局從百大企業集團財產建檔資料中發現，目前企業集團的財產，絕大多數集中在四、五十歲的第二代身上。第一代七、八十歲的企業草創人，名下的財產已經不多，第三代因為年紀太輕，大點的三十幾歲，小的還未成年，所以，第二代移轉到第三代的工程尚未進行。

查核的「特定對象」

所謂查核的「特定對象」，主要是指有財力的納稅人，標準有三：

1.持股占公司總股份百分之五的董監事。

2.擁有不動產價值逾一千萬元，房屋、土地分別按政府公布的房屋法定現值、土地公告現值計算。

3.高所得者，原則上是指適用綜合所得稅率最高累進稅率（目前為40％）的納稅人。

凡是符合上述條件任何一項，就成為「特定對象」。稽徵機關將把「特定對象」及其二親等（即父母、子女）的財產、所得、投資等資料，利用身分證統一編號，分別建立親屬檔及財產檔。

究竟有多少人會上榜呢？至少有一萬人吧！

人家是狡兔死、走狗烹，我們是主人死、財產烹。一生辛勞的結果，終究是交還與失掉，可惜復可悲啊！何不早日規劃？

早日規劃，真的太重要了！

我們知道，為防止被繼承人在重病期間分散財產給親人，以達到規避遺產稅的目的，《遺產及贈與稅法》規定：被繼承人過世前三年送給他人（配偶、直系血親卑親屬、父母、兄弟、姊妹、祖父母或上述親屬之配偶）的財產，在贈與時，雖然已繳了贈與稅，但當被繼承人過世後，這些財產必須再併入遺產補課遺產稅，不過以前所繳納的遺產稅，可以憑繳納收據扣除。

最近更釜底抽薪，決定被繼承人過世前三年贈與他人的財產，在併課遺產稅時，以被繼承人死亡時的價值計算，而不是以繳稅時的價值計算。怎麼樣，厲害吧！看你是魔高一尺，還是我道高一丈！

第十七章 遺產稅節稅計畫案例②

終身保障，保護重要資產。

民國七十五年，透過客戶北豪林老闆的介紹，我加入了台北城北扶輪社。扶輪社採取職業服務的選才原則，也就是一項職業只有一人可以入社，又其多為工商名人要角，不失為拓展人脈的舞台，同時捐贈可以列舉扣除，一舉數得，也難怪近年來，傑出的保險從業人員多選擇加入扶輪社。

廣結善緣，等待機會來臨

城北那時剛創立滿一年，人才濟濟，區分為老一輩的理事階層與年輕一輩的成員。而年輕一輩的並非完全沒有財力，反而均為一時俊彥，非可小覷。創社社長是東方窯業的董事長。年輕一輩的有男裝社第二代李老闆Lee、牙醫師曾運魁、龔律師、北豪Linker，以及太平洋飯店第二代接班人李廣謀Hero，對了，還有一位福記銀樓的木金生也在社中；其中幾位後來陸陸續續都成為我的客戶。

在扶輪社服務，最重要的是不要急於跟人談保險，也不用急於表現，捐錢並不用比別人多，免得遭人白眼。本來你的職業就很令人敏感，一進入就要找人談保險，不免令人生厭。所以，**最好的方式是沉潛其中，廣結善緣，以服務、勤快贏得他人的肯定**。慢慢大家摸熟了，覺得你「好鬥陣」，社裡各種活動少不了你，將來就有機會提拔你，畢竟，有生意給自己的社友做，總比給外人好。因此，我就抱定服務到底的心，等待機會來臨。

傷痛是親人遠去，心痛是鈔票遠去

從來不提保險，但隨時準備出刀

李廣謀，在社裡的綽號叫Hero，是昆明街太平洋大飯店（有別於SOGO百貨公司）的第二代，民國四十二年生，那時三十四歲，剛經歷了父親過世後的陣痛復原期，傷痛是親人遠去；心痛是鈔票遠去（遺產稅）。

在社裡，Hero人緣極好，他穿著帥氣時髦，又曾留學日本，說得一口流利日語，每當日本友社來賓來訪時，都請他當接待，令人好不羨慕。他長相斯文為人海派，卻身無分文，錢完全掌控在太座手裡。我慢慢知道這種情況以後，日後有夫妻俱在扶輪社的活動時，總會前往向Hero的妻子致意，因此，她也對我留下了印象。

Hero常和Linker、Lee、Lawyer等扶輪社社友攪和在一起，晚上有時也邀我同行聚餐，我總跟前跟後，隨侍左右，儼然貼身祕書，讓他好不快活。這樣的日子從來不提保險，卻也隨時準備出刀。

重出江湖，好戲登場

突然有一陣子，我故意不出席，整個失去蹤影，大概一個半月的時間沒有聯絡。然後，我挑了一個風和日麗的日子重現江湖。

那天照慣例，星期四中午在國賓飯店二樓吃飯，聚餐約兩桌。Hero穿著淡藍色的西裝外套，從遠處走來，遠遠看到我便說：「喂，Jerry，好久不見！那ㄟ這久沒見，是在忙啥？」他拍了兩下我的肩膀，帶點埋怨與不解。

出招了——我心想。接著我開口說：「喔，拍謝（不好意思），最近都在做大case，保額一、兩千萬，又有體檢，忙來忙去，不好意思。」

「啥會啊！保這麼多，一、兩千萬，不得了，要繳多少錢啊？為啥保那麼多？」

「不多啦，一年兩百萬的保費，啊就是家裡不動產多，為了將來的遺產稅預做準備嘛……」我回答，然後說：「喔，對了！你不是也有一堆房子嗎？」我明知故問。

「是啊！」

「這樣吧！改明兒個，過幾天我有空，再為你特別規劃一下。」

「好呀！」

魚兒入網了。我心中暗自高興。

「現在不要談那麼多，來，坐坐，先吃飯，好久沒跟你聚在一起了。來，這塊魚給你……」在一片人聲嘈雜的杯酒之歡中，一場大戲即將登場，是他自己說好的嘛，不是嗎？

送你一份「免稅」的大禮

後來這個案子總共收了保費九十一萬六千零七十元。產品為IPLP五百萬搭SAEP五百萬。產品訴求重點為：保費二十年總繳約一千八百萬。

「你的本錢，在二十年內陸陸續續還給你（SAEP每五年領回一百萬，滿期金一千三百萬加上IPLP滿期祝壽金一百五十萬，合計需一千七百五十萬）。賺到二十年以後，終身保障兩千一百三十萬元以上，這兩千一百三十萬是免稅的禮物，可以保護你五千萬的資產。」

團隊合作，順利成交大保單

整體出擊最快樂

整個保單的完成要感謝高雄陳媽媽（陳靜英處經理）的幫忙。事實上，**「找人跨刀」是南山整體出擊最快樂**的。當初決定找陳媽媽合作是經過縝密的考量，最後證明這個決策是正確的。

我在台北牽制Hero，大家也都知道財務掌握在他太太掌上。我把牽制太太的任務交給陳媽媽，她便從高雄遙控李太太，叫她準備房地產、地契、租稅證明與所有權狀；後來陳媽

林裕盛與暱稱「陳媽媽」的陳靜英處經理。

媽北上，兩軍會合，集結Hero的昆明街寓所決戰。挑燈夜戰的結果，終於贏得他們夫妻的首肯，約定第二天帶Hero去體檢。

隔天，體檢完畢後上了車，陳媽媽立刻對Hero說：「等一下馬上跟您回去開支票。」

「啊！這麼快？」

「支票要和要保書送上去，不然公司怎麼曉得您要保。如果體檢沒過的話，我們會把保費退給您。」

後來一路驅車回去，李太太見了我們，聽說馬上要開票，也不免遲疑，經過我們力爭與說明，終於首肯開票，完成本案——這是我在扶輪社的第一件保單。

兩點重要體會

從這個案子，我們了解到：

1. 合作的重要性

一個新人要在一個團隊裡快速崛起，必須——①跟對一個主管；②在最短的時間內，吸收團隊裡優秀人才的優點；③學習與改變。以第二點來講，我非常感激當初曾經帶過我的所有資深績優主管，更包括陳媽媽的不吝傳授。然而學習的過程，你必須掌握主動，才能引起別人對你的關心與注意。

陳大維

於69年因癌症不治死亡，年43歲，於長庚醫院治療四個月

資產結清報表

ASSETS BALANCE

總資產 CROSS ESTATE	16,758,703.00
總費用 TOTAL COSTS	1,314,617.00
遺產淨額 NET ESTATE	15,444,086.00

遺產稅計算
（16,758,703－9,650,000
－330,800）×23%
－575,100
＝983,817

資產中現金
LASH IN ASSEYS

資產中現金比約39萬元

遺產結清費用
SETTLEMENT COSTS

債務 DEBTS & TAX	2,253,000.00
行政費用 ADMINIMSTRATION EXPENSE	17,800.00
律師費 ATTORNEY'S FEE	————
遺產執行人費用 EXECUTOR'S FEE	60,000.00
遺產稅 ESTATE TAX	983,817.00
總費用 TOTAL COSTS	1,314,617.00
扣除額 ABATEMENT	2,000,000.00
免稅額 ABATEMENT	2,000,000.00
扶養親屬 RESERVATION FOR RELATIVE	5,250,000.00
喪葬費 FUNERAL EXPENSE	400,000.00
總額 TOTAL AMOUNT	9,650,000.00

2.做高額保單完成體檢後，要馬上收錢

很多新人是要保書簽了、體檢做了，客戶說「拜拜，體檢報告下來後再說」，結果一去不復返，再也收不到錢。掌握做完體檢後客戶愧疚的感覺，是盡快把球踢進球門得分的時機，不要忘了。

《遺產及贈與稅法》部分條文修正草案105/10/20

《遺產及贈與稅法》自六十二年二月六日制定公布施行，迄今已逾四十年，期間為健全稅制，促進租稅公平，歷經十一次修正，最近一次修正公布日期為一〇四年七月一日。近年來國際間對於財富分配議題日益重視，實施遺產稅及贈與稅制之其他國家大多數採行累進稅率，對照我國現行遺產稅及贈與稅稅率為單一稅率百分之十，外界時有稅率偏低可能造成世代不公之議論。為期發揮遺產稅及贈與稅課徵對社會公平之正面意義，衡酌我國經濟財政狀況，並配合長期照顧服務制度之建立，調增遺產稅及贈與稅稅率所增加之稅課收入作為長期照顧服務之支應財源，爰擬具《遺產及贈與稅法》部分條文修正草案，其修正要點如下：

一、配合身心障礙者權益保障法之用語，將「殘障」修正為「身心障礙」。

（修正條文第十二條之一。）

二、調整稅率結構：

（一）為符合社會公平及避免中小額財產者產生稅負遽增情形，並配合長期照顧服務之財源籌措，將現行遺產稅稅率結構由單一稅率百分之十，調整為三級累進稅率，分別為百分之十、百分之十五及百分之二十，並增設各稅率之課稅級距金額。（修正條文第十三條。）

（二）贈與稅為遺產稅之輔助稅，為符課徵目的，配合遺產稅稅率結構之修正及長期照顧服務之財源籌措，將現行贈與稅單一稅率結構調整為三級累進稅率，分別為百分之十、百分之十五及百分之二十，並增設各稅率之課稅級距金額。（修正條文第十九條。）

三、為充裕長期照顧服務財源，調增遺產稅及贈與稅稅率所增加之稅課收入，撥入依長期照顧服務法設置之特種基金，用於長期照顧服務支出，不適用財政收支劃分法之規定。（修正條文第五十八條之二。）

※【資料來源】行政院官網（民國一〇五年十月二十日即時新聞，網址：https://goo.gl/AO2n3Q）。

《遺產及贈與稅法》部分條文修正草案——條文對照表

（中華民國行政院通過105/10/20）

修正條文	現行條文	說明
第十二條之一　本法規定之下列各項金額，每遇消費者物價指數較上次調整之指數累計上漲達百分之十以上時，自次年起按上漲程度調整之。調整金額以萬元為單位，未達萬元者按千元數四捨五入： 一、免稅額。 二、課稅級距金額。 三、被繼承人日常生活必需之器具及用具、職業上之工具，不計入遺產總額之金額。 四、被繼承人之配偶、直系血親卑親屬、父母、兄弟姊妹、祖父母扣除額、喪葬費扣除額及身心障礙特別扣除額。 財政部於每年十二月底前，應依據前項規定，計算次年發生之繼承或贈與案件所應適用之各項金額後公告之。所稱消費者物價指數，指行政院主計總處公布，自前一年十一月起至該年十月底為止十二個月平均消費者物價指數。	第十二條之一　本法規定之左列各項金額，每遇消費者物價指數較上次調整之指數累計上漲達百分之十以上時，自次年起按上漲程度調整之。調整金額以萬元為單位，未達萬元者按千元數四捨五入： 一、免稅額。 二、課稅級距金額。 三、被繼承人日常生活必需之器具及用具、職業上之工具，不計入遺產總額之金額。 四、被繼承人之配偶、直系血親卑親屬、父母、兄弟姊妹、祖父母扣除額、喪葬費扣除額及殘障特別扣除額。 財政部於每年十二月底前，應依據前項規定，計算次年發生之繼承或贈與案件所應適用之各項金額後公告之。所稱消費者物價指數，係指行政院主計處公布，自前一年十一月起至該年十月底為止十二個月平均消費者物價指數。	一、第一項修正如下： （一）序文依法制體例酌作文字修正。 （二）配合身心障礙者權益保障法之用語，將第四款「殘障」修正為「身心障礙」。 （三）配合行政院主計總處組織法自一百零一年二月六日施行，爰將第二項「行政院主計處」修正為「行政院主計總處」，並酌作文字修正。

修正條文	現行條文	說明
第十三條　遺產稅按被繼承人死亡時，依本法規定計算之遺產總額，減除第十七條、第十七條之一規定之各項扣除額及第十八條規定之免稅額後之課稅遺產淨額，依下列稅率課徵之： 一、五千萬元以下者，課徵百分之十。 二、超過五千萬元至一億元者，課徵五百萬元，加超過五千萬元部分之百分之十五。 三、超過一億元者，課徵一千二百五十萬元，加超過一億元部分之百分之二十。	第十三條　遺產稅按被繼承人死亡時，依本法規定計算之遺產總額，減除第十七條、第十七條之一規定之各項扣除額及第十八條規定之免稅額後之課稅遺產淨額，課徵百分之十。	一、遺產稅之課徵對社會公平具正面意義，目前國際間實施遺產稅制之國家，大多數採行累進稅率。鑑於國際間對於財富分配議題日益重視，現行遺產稅稅率為單一稅率百分之十，外界時有稅率偏低可能造成世代不公之議論，為符合公平正義及社會期待，同時避免中小額財產者產生稅負遽增情形，並配合長期照顧服務財源之籌措，爰參據財政部一百零四年度委託研究計畫「我國遺產及贈與稅稅制檢討」報告建議方案，將現行遺產稅單一稅率結構調整為三級累進稅率，各課稅級距稅率分別為百分之十、百分之十五及百分之二十。 二、各課稅級距金額部分，參考九十八年一月二十一日修正公布前本條規定，原適用最高邊際稅率百分之五十之遺產稅案件，均為高額財產者，其所適用之課稅級距金額為遺產淨額超過一億一千一百三十二萬元，具有象徵性意義，爰本次修正以遺產淨額超過一億元部分，作為適用遺產稅

最高邊際稅率百分之二十之課稅級距金額，並按該課稅級距金額之半數，以遺產淨額超過五千萬元部分，作為適用遺產稅第二級累進稅率百分之十五之課稅級距金額。

修正條文

第十九條　贈與稅按贈與人每年贈與總額，減除第二十一條規定之扣除額及第二十二條規定之免稅額後之課稅贈與淨額，依下列稅率課徵之：

一、二千五百萬元以下者，課徵百分之十。

二、超過二千五百萬元至五千萬元者，課徵二百五十萬元，加超過二千五百萬元部分之百分之十五。

三、超過五千萬元者，課徵六百二十五萬元，加超過五千萬元部分之百分之二十。

一年內有二次以上贈與者，應合併計算其贈與額，依前項規定計算稅額，減除其已繳之贈與稅額後，為當次之贈與稅額。

現行條文

第十九條　贈與稅按贈與人每年贈與總額，減除第二十一條規定之扣除額及第二十二條規定之免稅額後之課稅贈與淨額，課徵百分之十。

一年內有二次以上贈與者，應合併計算其贈與額，依前項規定計算稅額，減除其已繳之贈與稅額後，為當次之贈與稅額。

說明

一、贈與稅為遺產稅之輔助稅，為符課徵目的，並配合長期照顧服務財源之籌措，爰參據財政部一百零四年度委託研究計畫「我國遺產及贈與稅稅制檢討」報告建議方案，並配合遺產稅稅率結構之修正，將現行贈與稅單一稅率結構調整為三級累進稅率，分別為百分之十、百分之十五及百分之二十。

二、各課稅級距金額部分，考量贈與稅係就生前無償移轉財產課徵，每年均可享有贈與免稅額，為使生前贈與財產與繼承遺產稅負差異趨於衡平，比照第十三條遺產稅課稅級距金額訂定原則，參考九十八年一月二十一日修正公布前本條規定，贈與稅案件原適用最高邊際稅率百分之五十之課稅級距金額為贈與淨額超過五千零九萬元，爰本次修正以贈與淨

修正條文	現行條文	說明
		額超過五千萬元部分，作為適用贈與稅最高邊際稅率百分之二十之課稅級距金額，並按該課稅級距金額之半數，以贈與淨額超過二千五百萬元部分，作為適用贈與稅第二級累進稅率百分之十五之課稅級距金額。 三、第二項未修正。
第五十八條之二　本法中華民國○年○月○日修正之條文施行後，依第十三條及第十九條第一項規定稅率課徵之遺產稅及贈與稅，屬稅率超過百分之十至百分之二十以內之稅課收入，撥入依長期照顧服務法設置之特種基金，用於長期照顧服務支出，不適用財政收支劃分法之規定。		一、本條新增。 二、為配合籌措長期照顧服務財源，爰明定本次遺產稅及贈與稅稅率由百分之十調增至百分之二十以內所增加之稅課收入，撥入依長期照顧服務法設置之特種基金，用於長期照顧服務支出，不適用財政收支劃分法之規定。 三、中華民國○年○月○日修正之條文施行時，如長期照顧服務法之特種基金尚未設置，前開所增加之稅課收入，應撥入衛生福利部設置之特種基金，作為長期照顧服務支出使用。

第十八章

遺產稅的申報

跨越遺產稅的高欄。

誰是遺產稅的納稅義務人？

如果死亡人立有遺囑時，則以遺囑的執行人為納稅義務人。

然而，多數國人沒有習慣訂定遺囑，如果是這樣，《民法》規定繼承的順序，依序為：配偶、子女、養子女、父母、兄弟姊妹、祖父母，而繼承人即為納稅義務人。

納稅義務人應在被繼承人死亡之日起，六個月內向被繼承人死亡時戶籍所在地主管稽徵機關申報遺產稅，如有需要，可向稅捐單位申請延期，但以三個月為限。

遺產稅的納稅義務人在收到遺產稅核定之稅額通知書兩個月內，須繳交遺產稅。若稅額超過三十萬，除可申請延期繳納外，並可申請二至六期繳納；若不能以現金繳納，也可申請遺產實物抵繳。

不要以為只有台灣的遺產稅率高，告訴你，日本的稅率更是驚人，一個人若繼承額超過八百萬日圓，稅率是20％，之後不斷累進，直到超過五億日圓則為70％，比我們的60％高出了10％。那不是交還是什麼？難怪旅日名人邱永漢抨擊日本的遺產稅嚇死人，不是嚇死人，簡直是鞭打死人嘛！

所以啦，如果有必要以您的一生去建立您的資產，它就值得您去「保存」。我們不是為國稅局建立資產的。您若想要完整地移交給下一代，想要跨越那一道遺產稅的高欄，您就需要人壽保險，讓它輕輕將您的資產托過高欄而保留下來。

第十九章 人壽保險員，你的名字是智、仁、勇！

人壽保險推銷員，是「善」的循環。

企圖心是一切成功之母。

有能力、有實力的人，可以很快在我們這個行業出人頭地。沒有能力、實力的年輕人要進入我們這個行業，成功的機會仍舊有，不過須深具企圖心。因為有了企圖心，強烈追求成功的企圖心，你可以透過追根究柢的學習精神與毫無保留地改變自己，來培養你的能力。

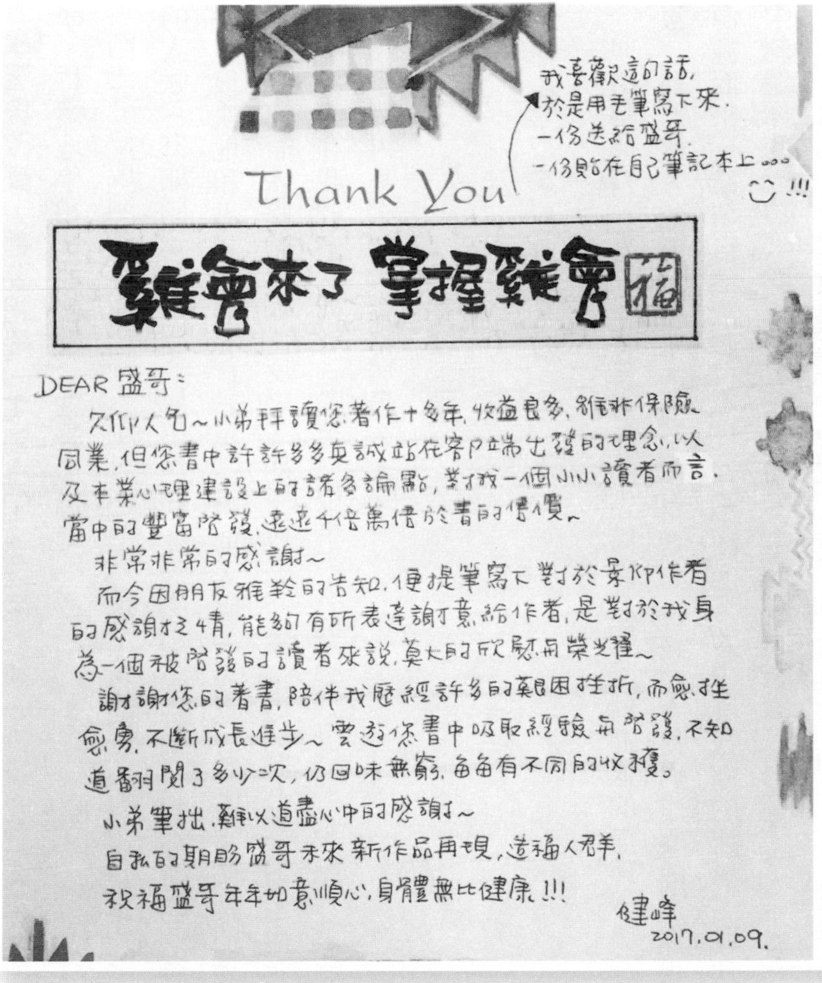

我喜歡這句話，
於是用毛筆寫下來，
一份送給盛哥，
一份貼在自己筆記本上。。。
:) !!!

Thank You

機會來了 掌握機會 福

DEAR 盛哥：

久仰大名～小弟拜讀您著作十多年，收益良多，雖非保險同業，但您書中許許多多真誠站在客戶端出發的理念，以及本業心理建設上的諸多論點，對我一個小小讀者而言，當中的豐富啟發，遠遠千倍萬倍於書的價值～

非常非常的感謝～

而今因朋友稚羚的告知，便提筆寫下對於景仰作者的感謝之情，能夠有所表達謝意給作者，是對於我身為一個被啟發的讀者來說，莫大的欣慰與榮耀～

謝謝您的著書，陪伴我歷經許多的艱困挫折，而愈挫愈勇，不斷成長進步～雲遊您書中吸取經驗與啟發，不知道翻閱了多少次，仍回味無窮，每每有不同的收穫。

小弟筆拙，難以道盡心中的感謝～

自私的期盼盛哥未來新作品再現，造福人群，

祝福盛哥年年如意順心，身體無比健康!!!

健峰
2017.01.09.

上進心和欲望不同！後者只是空想，上進心卻是實際的行動！

主動學！持續學！快速學！

學習與改變，都要把握「主動」、「速度」和「持續」三要素。所謂主動地學、持續地學和快速地學，就是這個道理。

剛出社會或剛退伍的年輕人不可能有很好的人際關係網，這時候除了可就原來的人脈（譬如同學、袍澤、兄弟姊妹、親戚）發展外，可充分發揮培養而來的能力（很快地和不認識的人打交道）發展人脈。可以說，有了圓熟的做人方法，就不怕沒有人際關係網；反之，如果做人失敗，再好的人脈都會土崩瓦解。

所以，在我們這一行，誠如台南幫老大吳修齊所言：「做人第一，做事其次，學問再其次，天資常居最末。」

有了能力，厚植實力

而所謂能力，說穿了就是嫻熟的人與人之間應對進退的道理，與一顆為人正直、熱心服務的心。有了能力，厚植實力，給別人他們想要的，你想要的就會源源而來，業績自然蒸蒸日上。在不斷的努力中尋找你的運氣，在連續的運氣中創造你的成功，成功自會隨之而來。

收入增加了，形象提升了，談吐文雅了，言談之間予人一派鮮明的成功印象，自然而然有人願意來追隨你，不是嗎？然後你再慢慢地挑選人格高尚、積極進取的人，進入我們這一行，將你這幾年的修行傳授予他，讓他也能追尋成功。做人壽保險事業最大的快樂，不就是一群成功的人圍繞著你嗎？透過回饋、提拔與分享，而止於至善。

如果找不到堅持下去的理由，那就找一個重新開始的理由！

第二十章

成功者的二十個座右銘

除了出人頭地，我們別無選擇！

所謂「戰神」——站神，就是站在路邊，想客戶想到出神！

面對未來，彷彿置身於濃霧之中，我們可以投石問路，但最終，路還是得靠我們的雙腳走出來。

走在崎嶇大道上，要創造自己的成功，請牢記這二十個左右銘：

1. 避免失敗的唯一方法，就是下定決心獲得成功。

2.在競賽中，沒有任何東西可以取代勝利。
（In war, there is no substitute for victory.）

3.如果要掘溝渠，我就掘最好的。

4.逆境不久，強者永存。
（Tough times never last, but tough men do.）

5.在不斷的努力中尋找你的運氣，在連續的運氣中創造你的成功。

6.不斷的捲土重來——永不言敗。

7.成功的同時很容易埋下失敗的種子，失敗的剎那常是激勵成功的契機。

8.在生命的激流裡，如果沒有岩石的阻攔，怎能衝撞出美麗的浪花？

9.成功三部曲：觀察、模仿、創造。

10.除非你想成為贏家，否則永遠是輸家；除非你想成為一流，否則永遠是二流；除非你身先士卒，否則永遠算不得英雄好漢。

11.行有不得，反求諸己。

12.尊崇別人，就是致富之道。

13.每一個極限，每一次的峰迴路轉，都是一個新的開始、新的挑戰。而真正的極限，其實是無限。

14.我們就是沒有其他才華，所以才在這個行業用命拚！保險公司就是成就一批啥也不是的人，淘汰一批自以為是的人！
15.如果一生只有一次翻身的機會，就要用盡全力。
16.世上沒有所謂的超級業務；只有超級苦頭！
17.我們必須非常努力，才能看起來毫不費力。努力不會背叛你，不努力一定會付出代價。
18.上進心和欲望不同，後者只是空想；上進心卻是實際的行動！
19.苦盡，才會甘來。這是再明白不過的永遠的真理！
20.逼自己優秀，然後驕傲地生活。

Chapter3

積極創造銷售循環

去拜訪客戶，每一次都要開開心心的。
他如果拒絕你，你就請教他：「主顧先生，我有沒有什麼缺點要改進？」
他告訴你了，你下次改進了，日日精進能不開心？
每次見你笑臉迎人，天天進步，遲早會拉拔你！
有一天成交了，豈不是更開心！

第二十一章 銷售循環

邊做邊懷疑，永遠學不會。

關於銷售循環，它適用於緣故客戶與陌生式拜訪的客戶。

我們鼓勵新人從緣故開始，這是淺水池、兒童池，沉下去了，就算不會換氣，腳站直了也就沒事。D.S.（直接銷售，陌生拜訪）則不然，它是深水池，泳技不佳的話會淹死人的。所以，新人先在淺水池裡練練身手，學習基本技巧，累積了一些成功的件數，累積了一些信心，慢慢有了膽識，身手也矯健了，才往深水池游，這才是正確的途徑。

戰神精神遠播大馬！二〇〇一年，林裕盛與馬來西亞「大東方人壽」郭介明等人合影，被尊為「師父中的師父」。

怕嗆到，永遠學不會

有的新人進來以後，不敢去做緣故，號稱：「我從來不做親戚朋友，要就從陌生式拜訪開始。」抱持這種觀念的人要馬上離開壽險業，因為你對人壽保險不了解，也不相信公司的產品。那對不起，請你了解了再進來，請你相信了再進來。一種產品如果你抱著買到的人倒楣的想法，那你肯定不會在這行業立足。所以，奉勸你**邊做邊學習，不要邊做邊懷疑**。

要學游泳得先下水，不會游，就喝它幾口水，**怕嗆到，永遠學不會**。不怕苦、不怕難，終會卒底於成。更何況，不讓親朋好友知道、不去賣他們保險，有一天出了事，他們一定會回過頭來罵你：「為什麼做保險那麼不敬業？連姑姑都不敢來提，還做什麼事業？」

其次，**你不賣給親戚朋友，別人也會去賣**。你的親朋好友又不是住在碉堡裡，任何行銷人員進不去。他們照樣會去跟別人買。放著自己的親朋不做，到處D.S.，然後，你D到我姑媽，我D到你的姑媽……幹嘛呀！自己把自己的姑媽顧好不是很好嗎？

再者，我們也常常在營業處看到很多新人在唉聲嘆氣，捶胸頓足：因為今天去拜訪某個朋友，剛好他前兩天已經買了哪家保險公司，保額多高、保費又多高。那當初為什麼自己不去談？還沒準備好嘛！親朋不做嘛！你看，這不是活該？**要做，就潦下去了，不要「么鬼假細二」，到最後才來悔不當初。**

第二十二章
親筆謝函②（推動成交）

這封信，強調了你的敬業與專業。

前面提到第一封信：初訪回來後的信怎麼寫。

現在談談第二封信：送完建議書，或者又經過幾次的拜訪，依然沒有促成時，怎麼寫信？

信件範例②

李總經理鈞鑒：

感謝您百忙中抽空接見，使我們有機會向您推薦本公司的計畫。在短短數分鐘交談中，我們深深體會到您平易近人的態度，及敬業的精神。您領導一個龐大的企業，在商場上擁有極高的知名度，尤其您白手起家的精神更令人肅然起敬，您的成功是必然的，因此，能與您相識是我們的榮幸。

在今天的社會裡，保險的領域已超越了意外病痛，它是一種安全保障的象徵，同時也是一種事業與個人身價的表記。以總經理豐富的人生閱歷及經驗，定能體會它的真義。希望透過我們的努力，本著南山保險系統健全的制度、高度專業化的服務精神，不論您身在何時、何地均享有世界性的保障。

關於保險細節，有不明瞭的地方，我們可以進一步再跟您聯絡與報告，務必讓您滿意。更希望您在租稅屏障的過程中，能有合情、合法、合理的節稅。有健康的身體才是商場致勝的本錢，提醒總經理在日理萬機之餘，還是得特別注意您的身體。　敬祝

神采飛揚

林裕盛敬筆

梁先生如晤：

那天有幸，蒙朱總介紹，與您相識。雖然相談時間甚短，卻為您平易近人的態度與落實的努力所感動。相信這些特質，正是您事業成功的表徵。能與您相識實感榮幸，希望這是一段長遠友誼的開始。同時，也熱切期盼您的指導，以及，在人生旅途上，有力的提拔。

上次給您的壽險計畫不知您是否已考慮妥當？相信經由您睿智的抉擇，必能透過保險，而完成您對整個家庭完整的愛。希望，我衷心地希望，素有佳評的南山人壽保險公司，能成為您最佳的選擇！而我們更榮幸能擁有像您這般優秀的客戶。　敬祝

平安如意

裕盛敬筆

黃小姐您好：

今日前往拜訪過後，得知您將所賺的錢拿去購屋並非是真心的理由，可能您是受了朋友的影響才有這樣的說法。

可是您知道的，在真正有急難時，朋友並無法提供您所需的一切援助，正如我們也無法為我們的朋友幫上太多的忙一樣，所謂「遠親不如近鄰，近鄰不如保險」，所以此刻，正是您發揮智慧與決策的時機，在此同時，並請相信我們的服務熱忱與專業，必將不負您所託。

敬祝
如意

林裕盛敬上

Dear Jessica：

不好意思，多次冒昧拜訪您，耽誤您的時間，而您始終含笑接見，讓我們備感溫馨（不安之餘）。顯見您在商場的激烈競爭中心能更上層樓；而這樣一位溫柔婉約，又能力卓越的現代女性，正是值得我們傾全力爭取的良質客戶！That's also why I am always bothering you. 請見諒我們的積極吧！

In fact，衡量目前國內的保險公司，南山的確在理賠、服務、產品規劃及客戶風評中略勝一籌（見附件資料：Frank small的市場調查），是一家真正值得您託付的專業經營的壽險公司。最後，再一次向您言謝。誠祝

青春亮麗、飛躍充實！

裕盛敬筆

親愛的○○○：

與您相識，實感愉快！

同時感謝您能夠撥冗和我倆相見。您是我們的前輩，現又是企業界的優秀經理人，顯見您在如何經營事業、如何分擔風險的理財觀念裡，必有過人之處。同時，也容我們誠摯地說聲：「謝謝！」因為您持續地接見與考慮我們規劃的建議書，委實讓我們十分雀躍。進而更加期許自己加倍努力！

另外提醒您請別忘了我們下次的約會。再次感謝您。敬祝

萬事如意　身體健康

裕盛敬筆

小謝函，大功效

第二封信通常比第一封長，因為裡面有促進、催促（push）的味道，以及再次說明強化觀念，並化解一些反對問題。

但促成的關鍵並非寫信就能達成，還是得面對面。而**這封信的重點與意義，應在於它強調了你的敬業與專業**，因為第一封信很短，只是表達了你的禮貌，

看不出你的真正功力，而送過建議書後的這封信，意義就顯得非常重大，展現了你的文采與對保險的認知，寫得好的話，也許下次再訪，就可促成了。寫得不好也沒關係，至少，表達了你對這個客戶的關心與重視的程度，不是嗎？

所以俗云：凡走過的，必留下足跡，凡努力過的，必留下痕跡。任何一封信、一次拜訪、一通電話，都可在客戶的心湖裡投下漣漪。就算去做拜訪時，客戶不在，也可在客戶桌上留下訊息，表達你曾經來過。

記得曾經看過一則寫得很感人的字條：

今日專程來拜望董事長您，結果未能如願，內心非常悵惘，不過我會再接再厲，希望很快能再見到董事長您，聆聽您的教誨。

最近天氣寒冷，董事長在商機繁忙之餘別忘了添加衣裳，以免著涼。

永遠關心您的壽險業務員×××敬上

你看，多感人啊！

不要問客戶為你付出多少，先問你為客戶付出了多少。要有先付出再回收的觀念，所謂捨得捨得，不捨不得，小捨大得，所以不要輕忽了拜訪過程中的這一封信。特別是在忙碌的工商社會裡，大部分的人，每天都會收到一堆ＤＭ及促銷信件，而一封親筆信函絕對較容易引起注意，顯出你的不同凡響與認真態度。

第二十三章 親筆謝函③（成交後）

保險事業要生生不息，促成後的感謝卡是關鍵之一。

接著，我們再來看最後一封信，也就是已促成，錢收回來以後，馬上寫一封信給客戶，表達你的謝意，並安頓客戶的心。

錢被收走的那一刻，客戶難免非常驚慌，尤其我們賣的是無形的產品，保單又得在一段時間後才能交到客戶手上，如果能馬上寫封謝函（可以的話，附上收據），則必能安頓客戶，減少不必要的反悔與責難。

這樣一個動作，也歸諸於售後服務，有關售後服務（After Service）、售前服務（Before Service）、諮詢服務（Consult Service）及偵測服務（Detect Service），我將在下一個章節中說明。

信件範例③

親愛的○○○：

親自提筆寫這封信給您，是為了表達我內心由衷的謝意。在此同時，也要恭賀您，由於您睿智的抉擇，擁有了完整的保障計畫及今後一流推銷員為您提供的服務。您的保單將在兩週內整理妥當，屆時我將再專程為您送達。

（請代問候嫂夫人好。）敬祝

萬事如意　豬年行大運

○○○敬上

親愛的○○○：

感謝您這些日子以來對我的禮遇和信任。您能簽約購買我們的保單，本人

深以為傲，同時也堅信透過南山環球的專業系統必能提供您滿意的服務。您若需要任何協助，請隨時跟我聯絡。敬祝

身體健康　新年快樂

○○○敬上

Dear Sonia：

感謝您的認同和肯定，簽下南山的保單！同時也恭賀您的抉擇，深信透過公司專業系統，一定能提供您滿意的服務。其實您獻身餐飲業，執著與服務的精神，也很讓我欽佩。很少，很少有女孩子有像您這樣一份定力，真的不容易，這大概也是Sonia您與眾不同的地方吧！保持這一份執著與熱情，向前邁進，成功，應該就在不遠處等著我們！祝

健康如意　步步高升

裕盛敬上

親愛的○○○：

摯誠地向您表達我由衷的謝意，您的支持將是激勵我繼續奮進的力量！在此同時，也為我們共同打贏的這一仗而喝采！

我百分之百地保證，您的決定是完全正確的。在未來不可知的歲月中，I'm always beside you & your family，確保您家庭經濟的屏障，免於萬一遭受意外時的驚慌與恐懼。感謝您。敬祝

神采飛揚！

裕盛敬上

親愛的○○○：

迫不及待地要寫這封信向您道賀，恭喜您為自己買了一個合宜的保險計畫，保單將在兩週左右下來，屆時我再親自為您送上，並再一次地為您解說裡面的詳細內容。

雖然我們相識不久，卻為能爭取到您的信任與友誼而感到高興。我會珍惜它，並維繫到長遠。若有任何問題，請不要忘了桌上的電話，就是你我最近的距離。（P.S. 不要忘了繼續幫我介紹客戶哦！）祝

飛黃騰達

裕盛敬上

相信這是一段長遠友誼的開始

短短的一封謝函，為這一次的銷售循環劃下了句點。也為日後你和這位客戶的互動與長遠發展啟了開端，所以不要漏了那句「相信這是一段長遠友誼的開始」。

唯有透過深耕與廣耘，保險事業才能生生不息，天長地久，而要如此，非得在一些細節上下功夫不可，促成後的感謝卡就是其一。可以選擇精緻的進口卡片附上短文，也可請印刷廠專門為你印刷。表達出那一份質感、謝意與長遠經營的決心，你就成功了。

第二十四章 反對問題的處理

客戶拒絕我們，
得一直保持好運氣，遠離傷病意外的降臨；
我們只需好運一次就好，
他終於明白了意外傷病的不可避免！

1. 除非你找到買家，否則我們便賣不成，所以不是我們會賣，是因為有人要買。
2. 人們怕被推銷，但喜歡購買，他們喜歡購買的行為，喜歡花錢所帶來的暢快與自尊。

由以上兩點，我們很難想像，為什麼銷售人壽保險會遇到那麼多的難題。

反對問題的思考

關於客戶的反對問題，其實我們可以做如下的思考：

1.需要雖然存在，但不會那麼迫切，也感覺不到

本來就沒想到要買，是推銷員來了，才被迫思考。

2.不相信業務員

業務員的穿著、打扮、談吐、專業知識等，無法贏取準客戶的信心。

3.反對問題背後有隱性要求

反對問題其實是在要求：「**多告訴我一點資訊，讓我安心一點，下決心購買。**」反對問題是健康的、良性的，只是業務員給的資訊不夠，而業務員本身又未察覺此一訊號。

4.反對問題背後有三個疑慮

反對問題包括了三個疑慮：①這真的能解決問題嗎？②有沒有替代品？③要馬上採取行動嗎？

5.反對問題代表了三種意義

反對問題的反應分為三種：①真的不要；②假的拖延；③要求更多訊息，要推銷員更努力些。

用「除了……是否還有」句型，找出反對原因

運用「除了……是否還有」句型（and... what else），可以幫助我們找出真正的反對原因。

我們常常急於解決客戶的每一個反對問題，而忽略了背後的那隻黑手（真正原因），因而曠日費時，而終至無成。

例如客戶最常搬出的問題就是：「對不起，我太太反對！」其實是他自己反對，搬出你見不到的太座，讓你一籌莫展。

又譬如客戶說：「很不巧，前兩天剛去訂了房子。你知道的嘛，買房子要花

很多錢，所以啦，預算沒有了！」其實真正的原因是把建議書拿回去以後，被太太大罵一頓，面子上掛不住，只好拿這個理由來搪塞。

事實上，買房子是一筆大款項，怎會差這區區幾萬元保費？千萬別忘了教父在教堂聽音樂會時，他的殺手正在四處除去仇家呢！若老是忙著捉拿那些殺手，忙不完的；看誰有辦法找到幕後的指使者，才是大贏家。

有一位客戶問銷售車子的業務員：「有沒有白色的？」接著又嫌白色容易髒，再問：「有沒有紅色的？」簡直沒完沒了。然而，會處理的業務員會這樣反問客戶：一、「如果有白色的，您是否要下訂單？」二、「除了這個問題之外，您還有沒有其他問題？」

因此，如果你沒有抓到要領，不知道原來是太太有意見，那麼你永遠無法促成。

防患於未然

有沒有可能，在推銷的程序上防患於未然，先處理掉將來可能的反對問題？不然到時候恐怕連神仙也救不了。

有！那就是**「預防勝於治療」**。

通常在行銷一份保單到攤牌階段時，總會有一些緩衝時間，一些前幾次的拜訪，在這些拜訪的過程裡，你就必須慢慢排除一些障礙，免得將來突然跑出來，讓你措手不及。

也可以這樣比喻，推銷好比在圍堵客戶，讓他慢慢走入一條死巷，所有的反對問題都是逃生的窗口或死巷後的小巷，沒有做事前防範，就好比已經逼客戶到了牆角，眼看他無處可逃，沒想到卻從旁邊開了一條隙縫，眼巴巴地看他絕塵而去。多可惜啊！

比方說，我通常會確認這個客戶有沒有金錢的支配權力，除非我確定他有絕對自主權，否則我不輕易大軍壓境。**我們可以用試探的口吻，先找出決策者是先生或太太**，例如：

「上次買這輛車是現金買的，還是……有無貸款？」若客戶答：「當然有貸款。」你可以繼續問：「喔！那開支票的是……圖章呢？」注意，有時候夫妻各保管一樣，先生開支票是沒錯，太太卻掌握印章。

「通常你們家誰當家，大事情誰做主？」聽你這麼問，若他說：「大丈夫不可一日無權」、「問什麼太太」——這是典型男性沙文主義者的回答。

「你這套西裝好別緻，是太太的眼光呢？還是你自己挑的？」如果他說是自己挑的，再進一步探問：「西裝是你挑的，沒請問太太的意見嗎？」或者他答是太太挑的，你則說：「太太挑的？那經費敢情是尊夫人在掌控囉。」問到這裡，通常客戶會說一句：「哎呀，驚某大丈夫！」便知此人為「ＰＴＴ」（怕太太）俱樂部會員。

經此旁敲側擊下來，你已經知道了誰有主控權，支票、印章在誰手裡，而你也知道該把炮口指向誰了，免得到後來才發生要保書簽了，卻收不到錢的糗事，以及「我太太反對」、「錢在我太太那邊」等棘手的反對問題。

用「是的……但是……」句型，避免正面衝突

運用「是的……但是……」句型（Yes... but...），**先肯定客戶的說法，再轉移，或者提出我們的看法。**

不要正面起衝突，所謂贏得辯論，輸掉生意。

大凡人都希望自己的意見獲得尊重，誰都討厭和自己唱反調的人，所以先肯定稱許客戶的看法，再提出自己的意見，誠為上策。

「我太太（配偶）反對。」

在行銷的過程當中，難免遇到客戶突發類似的反對問題。幾乎所有的太太都反對先生投保，但我卻從來沒有見過任何一位配偶拒收理賠支票，還經常表示：「當初真的只保這麼少嗎？」

當客戶表示：「我要回去問我太太。」

你要繼續這麼遊說：**「您回去問您太太，只有兩種答案：①如果她反對，您買不買？②如果她贊成，又何必問？若太太不答應，您仍舊要簽約的話，就不必回去問；如果她反對，您要尊重她，那沒關係，改天請安排我到府上，我親自向太太說明。」**

所謂擒賊要擒王，眼前的先生，顯然已經不是王了（這說明了太太真正是獲益最多的一方）。

奮鬥為使命，而非佣金

有一次，我到忠孝東路四段做陌生拜訪，就在SOGO對面巷子旁的十二樓大廈，我拜訪到一位做貿易的彭太太，記得那天她就坐在裡面的位置上。我推門而入，說明來意後，她說：「南山人壽啊，可是前面已經來過很多人了！」**「那不是重點，多少業務員來過都沒有關係，重要的是今天我來了！」**我帶著自信（客戶喜歡跟有自信的業務員做生意）的笑容告訴她，她也笑著，緣分，就在那一剎那間瀰漫開來。

後來她買了兩百萬的人壽險，她的兒子在美國做小留學生，三個女兒在台灣，她統統幫孩子們購買了，雖然先生一直反對，但仍一年繳了四十幾萬的保費。

怎知世事無常，不到兩年的時間，她竟然罹患了乳癌。我最後一次去國泰醫院看她時，她嬌小的身軀靠在床沿，直對我說：「裕盛，拍運啦，我不相信我會得這種病！」一語調充滿淒涼、無奈。

兒子在美國，他知道嗎？「不知道，我只打電話跟他講，媽媽生病了，今年夏天無法到美國看他。」直到她走了，都無法再見到摯愛的么兒一面，多傷心啊！小男孩也不知道媽媽已離開人世了。

而那位一直反對太太投保的先生，在太太病重時，有一天竟然打電話到我辦公室說：「我太太理賠就麻煩你了，請盡快處理。」人都還沒走，電話就來了。後來他在領了理賠支票兩百多萬元之後，就把女兒的保單統統解約，這真讓我感慨不已。

這麼多年了，我永遠忘不了癌症病房裡那場最後的對話與彭太太託付的眼神。我只能說，人壽保險業務員真的要為自己的使命（mission）去奮鬥，而不是為了佣金（commission）。要昇華人性的善良，才對得起所有客戶託付給我們的重責大任。

最普遍，也最難解決的反對問題

1.沒有需要

其實「沒有需要」正是你的切入點，表示他還沒有購買。

怕的是他已經買了，而且買了一堆，但碰到這種人，你也要高興：買了很多，表示這個人對保險具有高度興趣，可能是一個有收藏保單癖好的人，或者對保險推銷員具高度同情心，每個人來都買一張。

我們可以反問他：「買了這麼多保單，恭喜你，但，問題解決了沒有？」

這可把他問傻了，「解決什麼問題？」

他這一樣一問，你的機會又來了——先引起他的興趣，然後切入主題，「任何消費行為都是為解決問題，不然花錢幹什麼？」

「還不是為捧場嘛！」

「喔，那你花的是交際費，而不是保險費……」

回到了起點——客戶不需要。

各位，碰到這種客戶亦喜亦憂。喜的是他還沒買，憂的是可能碰到鐵公雞。大家都知道，**客戶不是不需要，是不知道他的需要**。所以，我們必須挖掘出他的需要點，然後切進去。

但也有可能真的挖不到喔！不是有三種人不需要買保險嗎？

(1)在他年老或退休的時候，他不需要有一大筆錢可以供養老。

(2)在他遭受意外事故失去賺錢能力時，他不願意繼續獨立尊嚴地活著。

(3)在他身故時，不希望留給家人一大筆錢。我們說買保險是有愛心、有責任感的人，是give your love。如果這個人沒有愛，死時又沒人哭，那真的不需要買保險，祝福他，遠離他。

2.不急

「不急」真的很棘手。買保險不像肚子餓了會找東西填飽肚子，天冷了要加衣裳，天熱了沒冷氣不行。

他們不在乎今天買或下個月買，或者年底還翻個年領完年終獎金後再買。總而言之就是拖延，心想：「我沒有那麼倒楣吧！哪會下一個就輪到我？」人們總是懷著僥倖的心理。

要解決客戶的「不急」，就必須以客戶需求為依歸，對策是：

(1)你（用「我們」比較委婉）有可能就是那麼倒楣

可以舉自己的例子或者客戶、親朋好友的例子給他聽，時事也可以。

比如，有一起新生南路、仁愛路口的瓦斯爆炸案，清晨六點，三十九歲的先生帶著三十三歲的太太、兩個分別為十一歲和八歲的女兒及兩歲的幼子，一家五口高高興興要到陽明山爬山，車子就那麼不巧，不早不晚地開到爆炸屋對面——轟然一聲！坐在駕駛座上的一家之主被爆炸物削去了半邊臉，當場死亡，其他四口亦受了傷。

滿臉鮮血與淚水的太太在記者採訪時，說他們夫妻皆任職於保險公司，出門前她還跟先生提醒尚未購買旅行平安險，先生說：「賭一賭！」沒料這一下賭輸了！兒女失去了親愛的爸爸，太太失去了敬愛的先生，這一家人失去了收入主要來源的支柱。

一念之間，「不急」的代價多大啊！

(2)真誠而勤快的拜訪

參考後面我即將提到的銀樓胡先生的案例，不急著出刀，直到客戶急為止。採用這種戰術，業務員手上必須有大量的準客戶群。

(3)帽子戲法

告別客戶，推門而出時，回首跟客戶說：「下個月我一定會再來，如果我能來的話。但要是我來了，你也不一定在。」

客戶一聽反而追問：「你這樣說是什麼意思？回來，我們再研究研究……」

事實上，「不急」是最難應付的障礙之一，但業務員仍舊要讓準客戶的合約就在今天生效，竭盡所能地去完成，因為這是我們的任務啊！

小時候上學，老師叫我們回去背書，明天來要抽背；有時候貪玩，一時沒背熟，硬著頭皮上學去，心想：「不會那麼倒楣，點到我吧。」嘿！點名就偏點到那些沒背熟的，而背得很熟的，往往點不到他，真奇怪！

貓王艾維斯．普里斯萊有一首膾炙人口的情歌〈It's now or never〉，買保險給家人也是「要就現在」，因為愛要及時，不是嗎？

3.不信任

這個原因相當嚴重。根據統計，百分之七十的人跟你買東西是因為喜歡你、尊重你。若捕捉不到客戶的眼神，此次銷售就沒有機會成功；客戶看不到你的目光，也絕對無法採取購買的行動。

很少客戶會直截了當說你在騙他，或者說你在撒謊，間接的行為則是：拒絕簽約。因此，若想成為銷售高手，就必須跟銷售對象建立彼此信賴與尊重的關係——從一開始（From the beginning）。

為人正直爭取「信賴」，熱心服務則贏得「尊重」。

花言巧語、口若懸河將失去客戶的信心。表裡一致，以客戶的需求為依歸才是真正的重點，能贏得客戶的信任，亦將使成功的推銷及早臨門，且持續永恆。

因此：①**成功的衣著**；②**開朗的微笑**；③**灼熱真誠的眼神**；④**為人正直、熱心服務**，將是你贏得客戶信任的不二法門。

「你能服務我多久？」

客戶的反對問題千百種，歸結到後來，或許可說只有一個：

「你能服務我多久?」

而你能承諾自己在這個行業做多久?一個月?三個月?半年?一年?兩年?還是二十年、三十年……終其一生?!

保險,只會愈來愈貴!

反對問題有時候像十字路口的紅燈,不用急於處理,等久了自然會過去——只是保費貴了。

1. 小孩的保險:你現在不給他買,將來他長大了也要自己買,只是保費貴了。
2. 自己的保險:現在不買,孩子長大了或許會給你買,只是保費貴了。
3. 父母沒有買保險:現在我們想辦法為他們買,只是保費貴了。
4. 給自己買一份保險是為了不透支孩子的明天。
5. 給自己買一份保險是為了不增加父母的負擔。

保險,只會愈來愈貴!

Chapter 4

完成交易靠毅力

漂亮的女孩子做保險，易接近難成交，難度相對大了些。
最重要的是，看起來，不，就是要正派，穿著可以高貴可以簡樸。
見客時，長髮直束起，撫媚是給男朋友看的！
舉止大方，一臉的笑容蘊著一身的暖意。

第二十五章
態度積極，促成不難

除了熱情與積極，我還擁有什麼？

某個星期三，我的座車走中山北路從北向南開，快到南京東路時，我用車上行動電話打給南京東路、吉林路口的一位老客戶，她是旅行社的老闆娘，先前有點意思要代大兒子買保險。

但是她當老闆娘很忙，常常來去無蹤，進辦公室的機會不多，我試著打電話看看。

「喂，王太太在嗎？」

「你哪裡？」

我報上姓名。

「等一下。」

「喂，哪位？」電話裡傳來熟悉的聲音。

「喂，老闆娘呀！我是林裕盛呀！」我興奮地說。

「幹嘛？」

「給您兒子的建議書我準備好了，等一下給您送去好嗎？」

「現在都快四點了，我要走了，你下星期來好了，急什麼！」

「哦！」

積極勤快促成高

掛上電話，車子已駛過南京東路往營業處方向走，我思索了一下，下指令給司機：「往橋下繞回來，到南京東路王太太那邊。」

我決定還是要去見她。機會難得，下星期不知道會變成什麼情況了，**趁現在她人在，見個面也好**。

車子在樓下停妥後，我馬上一個箭步衝上十二樓。老闆的辦公室在最裡頭，三拐兩拐，隔著玻璃看到了她，幸好她還沒走。

「嘿！王太太！」

她聽到我的招呼聲，嚇了一跳。

「死林裕盛，不是叫你下個星期才來的嗎？我都快走了，你看你！」

我趕快陪著笑臉。

「老闆娘，我們是什麼身分，阮是業務員呢，不積極一點怎麼行？不像您，這麼好命了，阮嘸卡拚命，是會喝西北風啦！」

真的，**做業務員，除了積極，我還擁有什麼？**

王太太一聽，聲音開朗了些。

「少來！什麼建議書，又要來設計我了。我們公司的業務如果有你一半勤快、積極就好了。」

我趕緊遞上建議書，解說一番，很快就完成了這件保單。

你看，如果聽她的話，下個星期可又有得等了。

動作要迅速

林森北路和德惠街口那邊有家銀樓，是我陌生拜訪促成的客戶，老闆的年紀大了，由女兒掌店。

有一次我問她：「這附近有沒有妳的客戶？幫我介紹一下。」要求介紹客戶是我們的本分，不開口，人家怎知你的困難和需求。再者，**請求介紹要給她一個方向**，不要只說「有沒有朋友幫我介紹介紹」，一時之間，範圍那麼大，她也不知道往哪邊想，所以，記得，掌握一個方向。

她想了想，說：「對面巷子裡有個女孩子常來買些戒指、耳環什麼的，叮叮噹噹，聽說還是一家公司的總經理。」

本來，剛開始是女孩子我沒啥興趣，後來一聽是總經理，眉毛一挑，我問：「有沒有地址或名片？」

她隨手開始翻，「喔，有了，你抄一抄。」

我一看，是美商公司，楊小姐，楊字的右上角印有三個小字：「總經理」。趕快拿筆抄了地址，點頭直稱謝。

第二天我就去找她了（**翻牌要快**）。

「請問楊總經理在嗎？」

「在裡面。」

我逕自往裡頭走，經過好幾個房間，都不是，走到長廊盡頭的辦公室，門半掩著，我輕輕敲了兩下，推開門，一下子沒見到人，接著才發現，有一位著牛仔褲的小姐蹲在地上整理一些不鏽鋼、長短不一的零件。我輕咳兩下，問：「請問，楊總經理在嗎？」

她抬頭看了我一眼說：「我就是！」

啊？嚇了我一身冷汗。還好，態度沒什麼輕忽，本來還以為她是小妹（注意，不要輕易下判斷，態度上的輕忽可能造成無法彌補的錯誤）。

打了照面，說明來意，等她起身後，和她換了名片，聊了一下她的保險狀況，只有新光人壽小小的一張單子。告辭的時候，我答應幫她重新規劃再送來給她研究，她也沒表示反對。

出來以後，走在雙城街上，覺得好險哦！如果剛才劈頭就說：「喂，小妹，你們總經理在不在？」恐怕會被轟出來。

順水推舟，當場促成

計畫規劃了好幾個，最後敲定年繳十二萬，一個月繳費一萬的保險，對一個總經理來說，應該不會太多。規劃好之後我依約前往，這一次她沒蹲在地上拾理零件了。原來這家公司是美國哈雷機車在台的零件供應商，負責下單子給台灣的工廠，所以辦公室裡到處充滿摩托車的零件組。

我遞上建議書說：「楊總經理，給我五分鐘的時間，為您介紹專屬於企業鉅子的保險。」我是故意講給她笑的。

她回答：「企業鉅子，我可不是。」

講解完畢後，她說：「一年十二萬，太高了，你拿回去改一改，一半還差不多。」（這時，大部分的業務員就真的拿回去改了。這一改，又不知道哪一年才能成交了。因為楊總經理要到南部工廠出差，來來去去，怎麼找人？）

我拿了建議書退下來，坐在她旁邊的會客椅，當下拿起紅筆就改了起來，主契約改一半，其他附加合約配合降低一些，保費為六萬五千多元。

「報告總經理，改好了，請您看一看。」

「改好了？你不是要拿回去改嗎？」她一臉訝異。

「因總經理事情忙，下一次不知道什麼時候還能見到您，我就趕快改了一下，還不錯，您看看。」

我又解釋了一遍，沒什麼反對問題，但她突然冒出一句：「月底再來辦吧！」那時是七月初，等到月底，那還得了（不積極的業務員可能走了，想著月底再來吧）。

「總經理，既然這樣，我先填一點資料。」我自顧自地拿出要保書開始填名字、公司和地址等，「楊小姐，身分證能不能借我一下？」

「幹嘛？」她掙扎了一下，還是掏給我（事情成了一半）。

抄完了，要保書往她眼前一放，「這裡簽名。」

「簽名，這麼快？」

「沒關係，反正妳說月底才保，現在簽，將來簽，反正都要簽。」

她想了一下，還是簽了（事情成了四分之三）。

拿回簽了名字的要保書，我開始開收據。「總經理，方不方便給個訂金？」

我再進一步說。

「訂金？要多少？」

「隨便，看您現在方便給多少。」

「五千元。」

「可以。」我開了收據，「請問餘款什麼時候跟您請？」

「多少？」（此時事情成了四分之三又四分之三。）

「六萬元。」我鎮定地說出這個數字，並輕聲地，怕壞了事。

「下星期一好了，十二點，你來拿。」

哇噻！棒透了！你看，她已經忘了月底才要買的事；或是她本來就要買，就看業務員積不積極了。

一個隨口要求介紹，鋪開了一整群客戶

離開以後，我好幾天睡不著覺，一直在想：星期一她會不會給呢？萬一變卦

了？……真是夜長夢多。

星期一準時去找她，結果她不在，公司的人說她出去吃中飯了。

「完了，落跑了！」我心想不怎麼妙，心一橫，等她回來！

那時的一分一秒真是難熬。後來，她總算回來了，等到十二點半，她手裡拿了一包東西，用銀行的牛皮紙包著，看我正在踱方步。

「真準時喔！」她說，「拿去，數一數。」

哇噻！剛才真是以小人之心度君子之腹，不，度淑女之腹。該死，人家不是早就準備好了嗎？

「應該早點來，也好請你吃午餐。」她說。

哇！真愉快，這次走在雙城街的街道，感覺陽光特別美麗。

不管多少年後重讀這一段，心裡都很溫暖。

後來我把整個公司上上下下所有職員的單都成交了，楊總也幫我介紹了她彰化花壇下游廠商耿直的邱總。一個隨口的要求介紹，卻鋪開了一整群的客戶，難以想像吧！

第二十六章 成交是感情加邏輯

成交＝①用交情＋肯求人②順著感覺③一直去④拒絕＋1次⑤情真意切

1. 把客戶的心扉打開

我們講促成（close）**是感情＋邏輯**，任何一件保單如果失敗，就朝這兩個方向來檢討。

「邏輯」是產品的規劃是否能吻合客戶的實際需求及解決他的難題。銷售專家強調：成功的銷售是百分之二的專業知識加上百分之九十八的了解人性，可見「感情」的重要性。專業知識懂再多（專業知識是必備的，但是，**百分之二的專業知識是建立在百分之百的完全了解上**），但客戶不欣賞你，看你不順眼，不聽你講話，情感沒有和你同樣水平融合在一起，這筆生意就無法成交。而所謂了解人性就在那分察言觀色、知所進退，什麼時候該講什麼樣的話，讓準客戶覺得跟你聊天非常愉快。

把客戶的心扉打開了，你才能長驅直入，完成交易。

2.Impossible＝I'm possible

Impossible是I'm possible。

凡事不可能的想法，阻礙了我們健康、積極的思想，若換個角度，則海濶天空。I'm possible是積極投入，入世的人生觀。美國麥克阿瑟將軍有句名言："In war, there is no substitute for victory."勝利是無可取代的。

全力以赴，贏得勝利；敢想、敢得到，客戶會支持你想贏的心。

3.自信是成交的重要因素

Close的C是convince，自信。有了自信，就不會lose，所以自信是close的重要因素：**對公司的信心，對產品的信心，對自己的信心。**

不要以為客戶的拒絕就是不買，和推銷員沒有關係，其實他正在考驗這個推銷員是否有那份能耐、自信來贏得這場交易。不要失去了C，否則就lose了。

4.異中求同，關係破冰

講到「異中求同」，也就是俗話說：**有關係拉關係，沒關係找關係，有關係沒關係就發生關係。**

人總覺得自己的東西、特質、嗜好是最好的，都希望任何人來肯定他，甚至欣賞他。如果你和準客戶有一樣的興趣，用同樣的東西，喜好同種品牌，客戶就會在潛移默化中被你close而不自知。以下我舉一個例子為證。

不是保單簽不下來，只因為不用心

有一個設計師非常有名，品味很高，他的辦公室在仁愛路福華飯店旁邊的巷子裡。設計師相當講究品味，不隨波逐流。每次我戴著Rolex的錶去見他，總顯得格格不入，老是覺得切不進話題。後來才慢慢發覺，他每次戴的錶身都是白面黑皮帶，共有好幾只錶，輪流帶，有一只Tiffany的，另一只是Georg Jensen，Georg Jensen的銀器是出了名的。Tiffany的是只對錶，男錶比較大，銀面，特色是羅馬字凸刻在錶面四周，戴起來秀秀氣氣，很有藝術家的味道。這位設計師還喜歡戴頂NY道奇隊的帽子，穿著呢製的休閒鞋，淡色寬大的褲子配副黑圓框的眼鏡，真是品味十足。

而我就那麼的匠氣十足，又是西裝、又是領帶、黑皮鞋、Rolex錶，怎麼樣也和他搭不上，難怪無從切入。

拜訪了幾次後，我開始調整自己。某天要去看他時，我把西裝放在車上，換了件Berg的休閒衫，特意去買了只Tiffany的錶，整個形象差點連我自己都不認識。下午三點跑去見他，乍見時他認不出我是誰，過一會兒後，他露出整齊潔白的牙齒。

「哇！林裕盛，真有你的！」他說。

那天下午聊得特別起勁，「剛好」他也戴Tiffany來（我算準了他隔三天換戴一只錶），真是酒逢知己千杯少呀！原來他有那麼多的話匣子，只是，我從來沒有找對鑰匙。後來他還展示了寶格麗（Bvlgari）的筆，金、銀各一枝，推薦我有一種刀形筆，我隔天馬上去買了一枝。

過兩天再去看他時，就用我剛買的寶格麗刀形筆「砍」了他，簽名收錢，好不愜意！

所以不是保單簽不下來，只因為不用心；不用心就是不想簽（收）嘛！

5.察言觀色，成交於無形

天仁證券在南京東路時，我有一群客戶在那邊，而主要的關鍵就在老大姊「曾姊」身上。

她做過空姐，婚後退下來在天仁做稽核，為人樂觀，又樂於助人，每一個人都得喊她一聲「曾姊」。我原與曾姊素昧平生，因為close了一位名叫虞惕的客戶，而虞惕向她借票，打過照面才開始認識。

那天，我細心地看了她的手腕，她戴著一只金色Cartier錶。後來每次去見她時，我就換一只錶，看得她目不暇給，嘖嘖稱奇，跟隔壁桌的同事陳國興說：「你看看人家業務員穿得多稱頭，我們的業務員怎麼跟人家比？」

Close那天，我特意換上Cartier的一只金色男錶，她開心得笑了。

We are the same kind，不是嗎？**察言觀色，細心觀察客戶的每一樣飾品、衣服、用品**，也許，也許一個小小的耳環就能close於無形，勝過千言萬語；畢竟，深得我心，實在太難得了。

不是叫你一步登天，馬上去買好幾只錶，只是建議你，賺了錢，慢慢收藏。工欲善其事，必先利其器，免得「錶」到用時方恨少啊！

第二十七章 保費倍增法

臨門一腳要迅速。

在民國七十一年底時，我採陌生式拜訪敦化南路過復旦橋後右邊的一排銀樓店，有幸蒙陳老闆的青睞、支持，成交了保費十二萬的保單。他是我銀樓客戶的啟蒙者，也是祖師爺，由他發展出來的一些族群，讓我能突破最難推銷的銀樓業。

在此我提一個例子，那是在銀樓界很有名的陳董，他的公司分布在桃園、台北，以桃園銀樓店面白手起家，事業相當成功。與陳董相熟的施仔帶我去的時候，門口還裝電眼，沒熟識的客戶不可能讓你登堂入室。

陳董十二年容貌如一日，現在的他是我們博愛扶輪社的C.P.（創社社長），他的容貌，今昔相比，依然是那麼容光煥發，一點歲月的痕跡都沒有。當年他未滿五十歲，我未滿三十歲，做他的兒子綽綽有餘。這樣子的年齡鴻溝如何去跨越？施仔介紹完後就功成身退，促不促成就看我自己了。

拉近距離的方法

陳董的辦公室相當氣派，他的辦公桌非常大，每次去跟他講解建議書，總覺得隔著那一張大桌子很不方便，「感情」的距離似乎非常遙遠，既然如此，那麼close之日遠矣。跑了幾次不得要領之後，我乾脆繞過桌子，站在他旁邊跟他解說。

要配上大桌子，當然有一張會搖的大椅子。呵！陳董前後搖來搖去，還要抬頭看我的表情，一時之間頗難適應，況且，他低我高，讓他不斷抬頭也非常不禮貌。下一次再來的時候，我靈機一動，乾脆**蹲下去**，這時候效果出來了，他老人家不用屢屢抬頭，輕鬆地聽我解釋，**感覺上我善體人意**，態度也漸漸趨於緩和。

後來，我送給他一幅張杰的荷花畫，讓他掛在椅子左側的牆壁上，再擺盆萬年青在他桌上，祝福他：「董事長，祝您的事業就像這盆盆栽一樣，萬年常青，蒸蒸日上，祝您的活力就像這翠綠的香荷般永遠蒼勁有力。」看陳董的眼都笑得瞇成一條線，想必窩心得很。

但還差臨門一腳。

原本年繳十二萬的保單一直下不來。我必須**加倍規劃，以顯示他身分的不同**。「董事長，我年輕不懂事，上次規劃的產品太小兒科了，怎麼能配得上您的身分。這樣，今天我帶來一份修正案，保費提高一倍，一年二十四萬，您覺得如何？會不會還是太少？」

看陳董瞇著的眼睛瞪得老大，「你在講什麼肖話，十二萬就好了啦，神經病！」

你瞧，球兒已應聲入網，是否足以媲美巴西足球明星羅馬里歐？從施仔中場傳球給我到入網，整整花了三個月的時間。

新人常犯的兵家三大忌

很多新人在規劃給客戶的建議書時太過草率，或者沒有自信，當客戶一有反對問題或遲疑時，馬上更動建議書內容，降低保費數字，這是兵家大忌之一。甚或剛開始時即備妥兩份建議書給客戶挑，這是兵家大忌二。最後把保費設計明細表攤給客戶看，這更是兵家大忌之三。

我們把為客戶規劃的建議書比喻為醫生開給病人吃的處方。請問：

1.有開兩份給病人挑一份的嗎？

2.病人嫌貴，可以換藥嗎？

3.更離譜的是跟病人解釋這五種藥各代表什麼意義，由病人決定發燒藥比較貴不要，腸胃藥會反胃不要。這樣的醫生怎麼取得病人的信任？又如何成為開業醫生？您說是嗎？

所以**除非不得已，不要擅改建議書內容、保費高低，更不可二擇一**（客戶如果知道要哪一份，又何必要你為他規劃）。

因此，不犯錯的預防可以來自不要輕易出刀，除非完全了解客戶的需求，不隨便規劃建議書與遞送建議書，否則，只會給客戶帶來不良印象，把你歸為二流。

唯一的變更，就是臨門一腳，提高保費倍數（或至少一半）以上，這樣就可以收到良好效果了。

第二十八章 時間與時機的研判

沉著應戰，百折不撓。

珠寶商張董的case非常艱鉅，卻也讓我回味不已。

首先，他的門禁森嚴，有電眼在監控，入第一道門後，再開第二道門，在還沒有見到主人前，已經先被下馬威了。要是推銷員氣勢不強，早就被嚇住了，要如何談推銷？

加上張董本人不苟言笑，很難推測這句話出去了，他聽了會起怎麼樣的變化：是喜悅呢？還是厭惡？是同意呢？還是否定？無法從他臉上肌肉的變化與表情看出來。在我那麼多的客戶群裡，從來沒有一位像他如此的內斂與深沉，壓根兒猜不透他的心思。

我想，這是他的工作特性使然。他所經營的珠寶當然是貴重物品，又價位奇高，使他不得不對任何人都懷抱戒心，更何況是一位素昧平生的人。所以，我們可以了解並諒解他的面無表情。

但諒解歸諒解，總得搏殺一番，試試身手，不是說**愈難纏的客戶，讓人愈有成就感**嗎？

淺酌輕聊，慢慢加溫

前一、兩回的拜訪根本不得要領，每次在會客椅一坐都是大半天，祕書交代我「等一下」，而我總在他尚未出來前就告辭了。透過裡面的閉路電視，他可以看到我的任何舉動，包括先行離去（後來張董領我進去，我才知道有那麼多的閉路電視在他辦公室裡，還好沒有在會客室挖鼻孔擤鼻涕，否則豈不被看穿了，那麼壯志未酬身先死，所以業務員的一舉一動都非常重要，免得連怎麼死的都不曉得）。

這樣子先行告退了幾次，終於讓張董覺得不好意思，後來他總算出來了，很客氣地泡茶給我喝，淺酌輕聊，聊他的珠寶（最貴的翡翠玉佛，價值一億元新台幣），聊他如何進入這一行，聊他的客戶群。

我靜靜地聽，淺淺地喝茶，每一次差不多半小時不到，其他訪客又來了，再不然電話又響了，總無法一氣呵成，切入心臟地帶。

不做「打發型」的業務員

後來慢慢聊入主題（先談主人的事，你關心他的事業，他也會反過來關心你的事業）。這已經是我第七次來訪了；日本的「推銷之神」原一平倡言**每一次的會談宜短不宜長**（除非是決戰夜，要通宵達旦才能致勝，要overnight success），**總在會談最高點及時撤退**。我也總把握這個原則。張董原來已有新光的保單，同意先以一千萬意外險交我這個朋友。問題是他同意，我當然不置可否，也不急著答應。釣魚嘛！慢慢釣，既然已經耗上了，就耗到底，我們又不是「打發型」的業務員。

我又重新研究了一張建議書：壽險一百萬，搭配綜合意外險一百萬，PA（個人人身意外傷害保險附約）一千萬，合計年繳十二萬，行情就是這樣，怎能讓他隨意破壞行情。一千萬意外險，有，but內含，給你你想要的，爭取我想要的。

計畫書弄好了，又見了幾次面，每次都遇到同樣的問題：有人從中攪局——也不能說攪局啦！人家有正事（生意）要談嘛！他要賺人家的錢當然優先，我們要賺他的錢當然得等待。

放假日去堵張董

ＯＫ！我開始認真思考，什麼時機去看他才能不受干擾，一氣呵成。

白天他太忙了，晚上又不見蹤影，這樣下去不是辦法。《左傳》有云：一鼓作氣，再而衰，三而竭。

思前跟後，那一天是民國七十四年三月二十九日，青年節，沒錯，大家都放假，我也不例外，在家睡了個好覺，早上八點多起床，還在惦念這個case：「今天張董不曉得會不會在辦公室？那個人有工作狂，搞不好還在忙。他曾經說過家就在公司附近，假日常常跑到公司整理資料。也許今天他會在，那不正好逮個正著？」

我心裡暗忖著。到了十一點，決定去找他碰運氣。記得嗎？**「寧可白做，不可不做。」**

車子一踩油門，出發囉！一路上無啥塞車，十一點三十分左右到了，找了個停車位擺好車子，穿上西裝外套，拿好公事包，就往大樓的電梯口去（張董公司在八樓），心裡還在盤算：「不曉得他會不會在？」

結果，你猜怎麼著？電梯門一打開，我正要進去時，有人要出來，我一看，乖乖！

「你怎麼來了？」張董吃了一驚，這樣問我。

「專程來看您的呀！」我趕忙接腔，「張董真不愧是大企業家，青年節還來加班。」

「吃過了沒有？」

「還沒。」

「走，跟我去買麵包。」

只不過是幾秒鐘的時間，我們就在電梯口對談了起來，然後我趕快隨他去買麵包。這下子，真是天助自助。這個case成不成？答對了，焉能不成！

溫暖的午後閣樓

買了麵包，上樓以後，辦公室空無一人，平常的嘈雜不見了，只有我們兩人在泡茶吃麵包，東南西北聊。第一次看到他那麼自在、自然，第一次聽到他無拘無束的笑聲，第一次看到他深邃的眼神之後，那關愛提拔的溫柔神情。

「你上次給我看的東西帶來了沒有？」

「當然啦！已經寫妥當了。」

「這是您認為最好的嗎？最適合我的嗎？」

「正是。不過有一個缺點，就是保費太低了，不符合您的身分地位。」

「一個月一萬元還不低？林仔，年輕人不要太躁進，吃緊弄破碗！」隨後兩人相視大笑。

在午後的空中閣樓裡，等他開好支票交給我，再向他告別時，已是下午四點多。

「好好加油，你做這行會成功的！」張董拍拍我的肩膀說。

餘音繚繞，茶香猶存，車子在新生北路高架橋上奔馳。嗯，青年節，真是一個好節日。

隔年的十月三十日，張董加保第二張。

七十九年的二月二十六日，張董加保第三張。

八十二年的一月十一日，張董加保第四張。

合計保費接近七十萬元。

勝利，就藏在絕望的背後！

如果沒有耐心地經營；如果沒有早早撤退（知所進退）；如果沒有堅持我們的建議書；如果沒有抓準時機；如果沒有持續的售後服務……就沒有這一切的一切。

而人壽保險推銷員的勝利，總那麼慧黠地藏在絕望的背後。

成功的果實總是從失敗的樹幹上垂下來，差一步幾乎就品嘗不到。每一次的痛苦，每一次的挫折，每一次的拒絕，每一次的冷漠，就是醞釀下一次歡呼收割的種子。

一個人的學問不足以肩負成功，有學問而失敗的人比比皆是；能力不足以肩負成功，有能力而鬱鬱寡歡的人比比皆是；天才不足以肩負成功，天才含恨而終的人我們看過太多了。

只有毅力，才能肩負成功！

各位行銷夥伴，沉著應戰，毅力驚人，才是我們在這個行業最偉大的特質。所謂「勿恃敵之不來，恃吾有以待之」，這個「有」，就是我們百折不撓的毅力本質啊！

第二十九章 當仁不讓莫低頭

據理力爭，不怕拒絕！

有時候當業務員遭受拒絕時，一點反擊的力氣都沒有，或者說毫無鬥志可言。事實上，「拒絕才是推銷的開始」。

拒絕才是推銷的開始

每個人都曉得這是至理名言，卻又很容易被拒絕打敗。殊不知如果這個行業那麼好做的話，哪來高收入？所以，業務員不但不能以碰到拒絕為苦，反而要勇於承受拒絕，然後，發揮我們的智慧，跨越那道門檻，勝利的花朵才能唾手可得。

試想，嫌貨的才是買貨人。如果客戶不理不睬，那才真教人束手無策，愛恨都還有情感的成分，最怕的是冷漠、忽視，不是嗎？

因此，**拜訪客戶之前，不妨預設各種拒絕的理由，預先訓練，反覆推敲**，所謂凡事豫則立，不豫則廢，就是事前準備的道理，否則到時手忙腳亂，就被客戶close了。不要天真地以為每個客戶都是乖乖地等著你去收錢，預設這種立場的人，必敗無疑。所以，**「必勝」與「必敗」是出發前的兩種準備心態**：因為必敗，所以坦蕩蕩，無所求於客戶；因為必勝，所以鬥志昂揚，不達目的，絕不終止。

所謂當仁不讓，據理力爭。**你必須讓你的準客戶了解：他為什麼要跟你買？給他一個購買的理由。**

所謂不要，應是「不」後面一個逗點「，」接著「要」。拒絕在先。但他為什麼拒絕？因為主顧先生不明瞭，不確定這樣子簽約、給錢的做法是不是對他最有利。記得，客戶只關心怎麼對他最有利，除非他確定採取行動比不採取行動來得好，否則你只有吃「麵」（免）的份。

據理力爭

怎麼樣據理力爭呢？

民國七十四年八月，某天我在參觀了BMW的車展後，到附近一棟大樓拜訪了不少高格調的公司，與其中一家公司的老闆相談甚歡，他答應看我的建議書。後來我跑了幾次，直覺告訴我，促成的機率非常高。

沒想到在最後一次去的時候，他的臉色一沉，說：「昨天我小姨子跑來我公司，說她現在在保險公司，叫我那個保單給他做，我太太也敲邊鼓，讓我很為難。你是不是可以放棄？」

我一聽，這簡直是晴天霹靂，讓我半晌說不出話來。

慢慢地，我整理出一個頭緒，我說：

「董事長，我和您素昧平生，您不用考慮你我之間的情感因素，但您一定要考慮您自身的利益。這樣吧！讓我再一次重複我能為您做些什麼。

「1.我把B.B. call放在桌上，往後的一個星期您抽測三次，如果我沒在兩分鐘之內回電，您不要跟我買保險。（現在則是手機隨時call。）

「2.每天早上九點以前、下班六點以後，您抽測三次，若我有任何時間不在，您不要跟我買。

「3.我自掏腰包請了祕書，每一季可以給您寄理財資訊，每半年來幫您量血壓、做驗尿服務，每一年到檢驗所抽血檢驗。

「4.住院時幫您找病床，安排醫生，而不是出院時才叫您把診斷書和收據寄來。

「5.生日時給您送蛋糕（或寄生日卡）。

「6.三國時曹操用人才，但不求心性；袁紹心胸狹小，親小人失良才；劉備集中良謀，用人唯才，故三國鼎立。主顧先生，我不知道您的小姨子以什麼心態來做保險，不曉得您以什麼標準用才，至少我是以經營事業的心來從事。這樣吧！這張保單我們一人一半，您不得罪她，對您的太太也有個交代，同時擁有我的服務。您覺得如何？」

董事長鬆了一口氣說：「謝謝你還留一半給她。」

各位，要當仁不讓，據理力爭！（大聲喊一遍！）

第三十章 一勤天下無難事

辛苦一定會有代價的。

客戶施仔總共幫我介紹了他的弟弟施小生、做白銀的黃仔、陳理事長、廣德銀樓陳老闆……等，他們的公司和店面都位於人潮極多的熱鬧街道沅陵街上，早期在日據時代，這裡就是商業重心。

廣德銀樓是施仔的客戶，陳老闆福福泰泰的，臉上一團和氣，太太偶爾來店裡看看。店約十坪大小，每天十一點開門，晚上七點打烊，門口吊了一隻鸚鵡，有時候我去得早，就看見陳老闆在逗牠玩。門簾後面有一個技工，我管他叫海伯仔，多年以後才成為我的客戶。

一幅錦鯉畫，助我打破僵局

陳老闆為人謹慎不躁進，客客氣氣的，大概這一行浸淫久了，都會變成這樣子。我跑了幾次均不得要領，要嘛人太多，要嘛話不投機，只是覺得這個客人不錯，如何突破一直是我努力思考的。

有一次看他牆上掛了一幅錦鯉，突然靈思一動：莫非他家裡有養錦鯉？之後我就到附近的重慶南路去翻有關錦鯉的書惡補。看得差不多了，再次上門，見面第一句話就說：

「頭家，你有養錦鯉啊？」

「你怎麼知道？」陳老闆眼睛發出亮光（果然對盤了）。

「看你牆上這幅畫就知道了。咦，這是『朝和』嗎？」

「你怎麼知道？」他吃驚地說，「『朝和』你也懂，莫非你也養呀？」

我哪裡懂呀！但我心裡樂得很，惡補總算有效。

接下來的時間，我一路問，陳老闆一路滔滔不絕地講他的錦鯉經，兩人的距離因此拉近了不少。

有一晚，我突擊到仁愛路名人巷他的住宅去，一按門鈴。

「誰啊？」

「陳老闆在不在？我特地來看他的錦鯉。」

陳太太引我進去。哇！有好大的魚池，庭院裡，十幾條碩大的錦鯉穿梭其中，有紅、有白、有大正、朝和、赤城……不一而足。陳老闆正怡然自得地在餵魚，那滿足的神情，簡直是快意至極！

「本來想作為停車庫，後來挖了個魚池。你覺得怎樣，高不高明？」陳老闆得意地對我說。

「高明，高明，陳董明見，都市中有這樣一窪魚池，真是怡情養性，賞心悅目啊！」我說。

「還得了獎呢！」陳董高興地說。

「還得過獎啊？」我眼睛瞪得好大，不住地誇獎他。

和準客戶比耐心

後來，陳老闆跟我要了契約書樣本去看，我很有耐心地等候著，但每次去不忘問他：「看了沒？」

「還沒，沒時間！」他總是這樣回答我。

我想他正在考驗我的耐心吧。沒關係，你養魚的有耐性，我不養魚的也照樣有耐性，更何況，我們在釣魚啊！

就這樣，在那晚離開他家的兩個月後，簽下了FYP六萬元的保單。

收錢那天，我一大早就去了。

「這麼早來幹嘛？早上不習慣給錢，下午再來！」他說。

此刻，我又開竅了，銀樓業各家有各家的規矩，不過記得，早上不要去請款。

你看，還是要再來一趟。不過，辛苦總算有個代價。

那一陣子，我把沅陵街上上下下整個跑遍了，促成的過程是厚厚的勤跑加一片薄薄的興趣，客戶的興趣是引信，勤跑才是致勝的關鍵。

三年後，陳老闆加保FYP十五萬；又過了兩年，太太加保FYP六萬元。海伯仔棄甲投降，不多，FYP四萬元。還有陳老闆的兩個兒子……

第三十一章 總結：完成交易的祕訣

知識不如做事，做事不如做人。

1. 人勤保＋人情保，交際費與保險費

太多人買保險是基於人情，所繳交的是交際費，打發人情的交際費。但真正的保險是用來解決難題的。

每當客戶說已保了很多時，可以問他：「保了什麼？能不能解決問題？」「是交際費吧！」

並且，重新規劃一張真正屬於他的、真正能符合他需求的保單，請他繳交真正的保險費。

2. 感情＋邏輯＝促成

感情是軟功夫，邏輯是硬道理，要成交得軟硬兼施。

3. 友善而堅定

美國前總統雷根最善於此道。友善、幽默在於化解敵意，並堅定於自己的信念。友善不堅定，則過於軟弱，好好先生以致一事無成；堅定不友善，導致客戶反目。兩者缺一不可，若能並行則攻無不克。

4. Close＝convince＋loss

自信是close的原動力。來自於對人壽保險的肯定，對公司的肯定，對自己的肯定，除非你能說服自己，否則無法說服任何人。

5.Both win or Both lose

任何競賽都有輸有贏，唯獨人壽保險推銷員是雙輸或雙贏。

客戶不買保險並沒有贏，他輸掉了對自己及家人的保障；業務員同時輸掉了業績。告訴客戶：**「你有千千萬萬個拒絕購買的藉口，卻只有一個購買的理由——愛你自己及你的家人。」**

6.失敗的次數＋1次＝成交

有人問我：「要拜訪多少次才能成交？」

我回答：**「被拒絕與遭受失敗的次數加上一次，等於成交。」**

成交的意念大於拒絕的意念，就等於促成。

有一個晚上我去準客戶李先生家，他的公司跟住家合在一起，是一位貿易商，做汽車零件外銷到中東。對於保險，先生沒什麼意見，由太太做主。

那個晚上按鈴後沒人回應，抬頭看只有走廊有燈，客廳暗暗的，心想，出去還沒回來，等吧！於是，我到對面咖啡廳點了杯咖啡坐下來，從七點多一直等到九點，一抬頭，客廳燈亮了。總算回來了！我趕緊橫過街去，在樓下的對講機按了電鈴。

「誰啊？」是男聲。

不管任何學習、行為或良好的習慣，
最終目的是可以讓我們變得更好！

「我是林裕盛啊。你們剛剛不在家啊！能不能讓我上去一下？」

「喂，是南山林先生啦！他說要上來。」李先生朝著裡面喊，沒摀住話筒，裡面傳來「太晚了」的回應。「太晚了，我太太說的。」

等了一晚，竟換來這樣的結局？不行。

「我已經等了兩個多小時，只要一下子就可以了，買不買沒關係。」

「喂，他說等了一晚上，妳見見他，買不買妳自己決定。」李先生為人厚道，本來已經沒意見了，誰知殺出個程咬金，「改天吧！我太太說改天。」

「只要兩分鐘就好了！」我極力爭取，不輕易放棄。

「他說只要兩分鐘，讓他上來吧！」等了五秒鐘，鏗的一聲，大門開了。上樓以後，大戰三百回合，終於促成，離開李宅時，看錶已是十一點！

我冒了一身冷汗，不只為了和李太太的大戰，更為的是剛剛的對講機大戰，**不堅持，促成的意念不強，後面都不用談了。**

後來李家全家移民到中東杜拜去，李太太還打越洋電話來告訴我她家的新地址。你看，棒不棒？

成功是站在堅持到底的人這邊的，客戶會一輩子欣賞你這個鬥志昂揚的少年家！

7. Mission與Commission

想到commission，寸步難行。想到mission，抬頭闊步。

不要忘了人壽保險推銷員肩負的使命，不要忘了我們是受政府委託，挨家挨戶地把人壽保險寫在每個家庭門口，帶給千千萬萬個家庭免於遭受經濟的變故，與帶來心靈的平和，並成就安定社會的一股力量。奮起吧！同志們！

8. 知識不如做事，做事不如做人

(1)台南幫創辦人吳修齊說：「做人第一，做事其次，學問再次之，天資常居最末。」

(2)百分之二十是知識，百分之四十是態度，百分之四十是做人。

(3)百分之九十八是了解人性，百分之二是了解產品，因此洞悉人性，才是決勝的關鍵。

(4)所謂能力是：①察言觀色，知所進退；②沒有距離感與陌生感，遇物加值，逢人減壽。

做人第一，才能贏得客戶芳心，好運連連。

9. 沒有離開的客戶，只有離開的業務員

沒有不買的客戶，只有不去賣的業務員。
沒有失敗的業務員，只有放棄的業務員。

電影《捍衛戰士》裡，主角（湯姆．克魯斯飾演）決心離開飛官訓練營時，在酒吧裡，美麗的教官一句名言：「你學什麼都滿慢的，只有一件事很快，那就是——學會放棄。」這句話挽救了男主角，使他成為真正的捍衛戰士。

10. 鼓勵客戶為自己的利益採取行動

採取行動要付出代價，不採取行動將付出更大、更慘痛的代價。推馬喝水難，引馬就水易。

首先要釐清行動力的幾個關鍵性問題：保險真是對客戶有好處嗎？哪一種產品適合客戶？客戶買哪種產品划得來？

如果我們確信成交以後，客戶的利益比我們多，而且是多很多，那為什麼不敢一直去呢？

想通了這些，你才可以勇往直前！

Chapter5 永遠的售前服務，深耕客源

做人成功失敗是一時的，做人失敗成功也是一時的！
不要因為這個行業困難，急著想出人頭地而不擇手段，
更何況，在客戶那邊留下好名聲才是最重要的，
其他的虛名都不需要我們刻意去追求。

第三十二章 寧可白做，不可不做

知識化為行動才有力量。

知識本身沒有力量，知識化為行動才有力量。

我剛做推銷的時候，不是不做緣故，是根本沒有緣故可做。父親經商發生困難，親戚朋友避之唯恐不及。同學們都出國去了。軍中夥伴剛從鳳山回來，每個袍澤（包括校長）都知道我要出國深造，怎麼有時間去找他們。

所以，我就只好從陌生式拜訪開始。

「撿」到一個客戶

有一次，在一家旅行社（弟弟上班的公司）地上撿到一張名片，看見是某日商工程公司，職銜好像是股長，我如獲至寶，找一個黃道吉日就去拜訪他。名片上的公司地址在中山北路、長春路交叉口，彰化商銀的樓上。公司好大，小妹不確定他在不在，叫我進去找找看，我就興沖沖地進去，結果他不在，而且不曉得什麼時候回公司。

我離開時，看前面坐了一排職員，心想：一趟路大老遠跑來，豈可白跑？於是已經前進的身軀馬上煞車，走到一位也正好看到我的中年人面前，兩手放在桌面上，身體略彎前伸，問他：「要買保險嗎？」

他的眼神有點迷惘。是不是不懂台語？

我用國語又問了一遍。這下他聽懂了，看他嚇了一跳，身體整個往後仰，突然豎起食指擺在嘴唇中央：「噓！」

我以為要幹嘛，結果他起身就拖著我往會議室走，坐定後，泡了一杯咖啡給我，「先生，我們公司不能那麼大聲說話，有什麼事在這裡談。」

建議書堆起來比人還高

寫到這裡，我都快笑死了！沒想到待遇這麼好，又有咖啡喝，又可坐下來暢談。你看嘛！只要一直問，總有運氣來的時候。

所以，我們要在不斷的努力中尋找運氣，運氣是來自不斷的努力，不是天上掉下來的。

如果不是撿了那張名片，如果不是去拜訪了，如果不是不死心地繼續挖掘，怎麼會有這樣一位好心的準客戶出現。

後來到底成交了沒有？

當然承保了！

不過，不是當場成交，事情哪有那麼容易的。後來我不曉得拜訪了多少次，建議書堆起來比人還高，真的，一點都不誇張。

那時我初出道，總認為終身險、死亡險比較好，猛送那一類型建議書，哪知都引不起他的興趣；後來心一橫，改送EP（二十年滿期養老險），還是沒起色；最後，王牌登場：SAEP（每五年還本20%，二十年滿期）總算蒙他青睞，簽下單保費六萬元。

收保費那一剎那，我的眼淚差點掉下來！感動於客戶的提拔，感動於自己的努力不懈，皇天不負苦心人，真是老天有眼，明察秋毫，不是不報，只是時候未到。

拜訪量要大，要有喜感，毅力驚人

所以，記住，做D.S.有三大條件：

1.拜訪量要大

大到「寧可錯殺一百，不可漏失一人」。

2.要有喜感

讓客戶在最短的時間內接納你、喜歡你，但要幽默而不輕浮，輕鬆而不隨便，莊重而不凝重，注意拿捏尺度，久了便駕輕就熟。

3.毅力驚人

技巧不能帶動毅力，毅力卻可帶動技巧。學問高的人滿街都是，但成就不一定高；能力強的人我們看多了，但能力強卻眼高手低的人也比比皆是，只有毅力，堅持到底的人才會開出璀璨的勝利之花。

保險業是一個需要時間沉澱的偉大行業。有理想的地方，地獄就是天堂；有希望的地方，痛苦也成歡樂。任何夠努力的人都可以在這裡擁抱希望，但我們還必須堅持得夠久，才能實現理想！

那一位客戶叫陳東陽，是那家日商公司的課長，他的座位原本在後面，但因為前排的小職員那一天請假，所以他跑到前面來坐他的位子幫忙處理事情，沒想到被我「逮到了」。

前幾年他退休了，我偶爾到他新生南路的老宅去跟他聊天。有一次他跟我說：「裕盛啊，我都不知道那一天我怎麼那麼倒楣，從後面跑到前面去送死……」我們兩人在客廳裡，邊喝茶，邊笑得眼淚都掉出來了。

運氣緊跟在努力後

消極的人說：「滿街都不是人。」

樂觀的人說：「滿街都是準客戶。」

我們常常預設立場想著：這時候去見客戶，他是不是很忙？會不會在？如果不在，豈不是白去？如果忙不見客，豈不白跑？

各位看官，這個觀念怎麼行得通？有這種觀念的人請趕快回去吃老米飯，你不適合做保險，因為是你不做，不是保險不能做。

通常我們去拜訪時，客戶很忙，忙著聽電話，忙著接見他「重要的客人」而忽略了我們，業務員就急著回去了，或者在那邊枯等，愈等氣勢愈弱。客戶看你沒地方去，認定你是三流角色，愈不願意見你。怎麼辦？

其實很簡單，**客戶忙他的，你忙你的，既來之，則「抄」之。**

首要工作：補充準客戶名單

記住：準客戶來源賺取佣金的百分之九十八，推銷技巧賺取佣金的百分之二，所以隨時補充準客戶名單是業務員的首要工作。業務來源是任何新手與超級巨星共同的難題。我們也知道，**一個擁有良質且大量準客戶名單的新手，他的業績遠大於技術高超卻沒有準客戶名單的老鳥。**「抄」，抄什麼？看看牆壁上有沒有什麼匾額？誰送的？盆景是否有標籤寫著「××總經理贈」？馬上抄下來。桌面墊板下往往壓著很多名片，趕快抄。

記得有一次，我到新店看一個準客戶，摩托車騎到那裡臉都是灰，找了半天，公司在地下室，只有一個人在打電話，看那個位置及打電話的架勢，一定是老闆準沒錯。他也瞄了我一眼，看我的穿著及拿公事包的架勢，一定是推銷員準沒錯，所以他就一逕拿著話筒，沒完沒了地聊下去。

我向他點了個頭，就坐在他旁邊的小會客椅上，看他猛聊。好吧！既來之，則抄之，反正桌上名片一大堆，閒著也是閒著，我拿起筆來就開始抄，專挑有總經理、董事長職銜的名片抄，大概有十來個。抄完了，他硬是聊，我就硬走，哈了一下身，告退！

騎在摩托車上，還可以吹口哨，一下子多了十幾個準客戶怎不開心？你不跟我開口，你忙，沒關係，回去以後，統統說是你介紹的，「砍」完了他們，再回過頭來說他們介紹你，回馬槍，看你怎麼躲！哈！

真的是這樣嗎？對了一半。

回去以後，我開始打電話。記住，**「運氣在努力中出現」**，統統說是那位電話大王介紹的，果不其然，真的成交了兩件。只是後來業務繁忙，我也就淡忘了那記回馬槍，否則這場仗打得可漂亮了。

你看，是不是？怎會白跑？見招拆招，既來之，則抄之，不要忘了。

第三十三章 深耕廣耘，無限延伸

客源是無限的廣泛。

常常有些新人，或者即將進來我們這個行業的人，或是對我們這行嗤之以鼻、敬鬼神而遠之的人，這樣批判我們：

「親戚朋友拉完了怎麼辦？」

如果真如他們所言，那麼我們這個行業真的沒前途也沒錢途了。

客戶來源的經營

其實人壽保險的客源非常廣泛，大體而言，可區分為三大類：

客源可分三大類

1.有關係而且熟。

2.有關係但不熟。

3.沒有關係也不熟。

第一類當然是A級客戶，第二類是B級客戶，第三類是C級客戶。**新人當然從第一類A級客戶先做**。打過撞球的人都知道：洞口球先吃，但還要懂得作球，才會源源不斷。

第二類的準客戶是原有客戶介紹出來的。有關係，但尚未去拜訪，所以不熟。客戶為什麼要幫你介紹？有兩個主要原因：①真心誠意要提拔你，②因為你的服務的確好，他要他的朋友享受到一樣的服務。所以有人說，以服務代替推銷，就是這個意思。

第三類的客戶就是陌生式拜訪來的。今天在保險業成功的人，有人從來沒有做過D.S.，緣故發展客戶一路忙不完。有人完全沒有人脈（太年輕或者經商失敗），只好完全以D.S.起家，照樣照亮一片天，成就非凡。

所以，客戶的來源就像舞台，而行銷人員基本上只要精通一種，就像聚光燈一樣，便可經營不斷而功成名就。等到D.S.殺出了一條血路後，後繼以「永遠的售前服務」，客戶口碑相傳，事業就做開了。

任何人都有九十九個人脈

我們知道，任何人都有九十九個人脈，只是他要不要介紹給你而已。這九十九個人脈也可歸納為三大類。

1.血緣關係：父母、兄弟、叔叔、伯伯、阿姨等。

2.無血緣：結拜兄弟、換帖會、社團、從小到大的死忠兼換帖等。

3.公司裡的上、下游等。

整個社會就是一條食物鏈，每個人都只是其中的一環。貿易商的上游是採購者，下游是工廠；工廠的上游是貿易商，下游則是衛星、零件廠。有人靠他吃飯，他也靠人吃飯，靠來靠去形成一條鏈。

歡迎加入「一流人才俱樂部」

以上三種關係，三種人脈，你要如何去洞悉、去連結、去經營，然後鑽進去採到金礦，就是你的本事了。

所以，不是親朋好友做完了就沒得做了，那是三流角色的說法，而如果你是三流（包括二流），本來就不適合我們這個行業，請往三流的地方去。對不起，這裡是一流人才俱樂部（又不是難民收容所），別跑錯地方。

鯉魚躍龍門的晉身梯

汰弱存精，適者生存

另外，也有很多人批評：「保險公司人員的流動率太高，又沒底薪。」流動率高是必然的嘛！我們在快速淘汰那些不合格的業務員，拜託，如果阿貓阿狗都能做保險，那這個行業就真的沒前途了！

每個人都知道在我們這行存活下來，頂尖的人物都相對應高薪，但你要曉得，高薪是要高能力來搭配的，否則怎麼叫公平？所以要快速地淘汰那些不合格的業務員，汰弱存精，適者生存，才是物競天擇的自然法則吧！（請參看自序。）

至於無底薪，我們是這樣分析的，對推銷員來說，你能夠承擔的風險愈高，相對地，致富的機率也就愈高。

無底薪＝Unlimit Income

我們可細分推銷員的薪水為：

1. 純底薪制——最有保障，卻也限制最多，不能稱為推銷員，頂多是辦事員，發展有限。

2. 底薪加佣金的內勤推銷員。

3. 底薪加佣金的外勤推銷員。

第二種和第三種型態的佣金皆不高，強調的還是那一份保障。而採用這種制度的公司大部分規模很大，招牌也很大，公司最大的投資在研究部門、廣告預算、賣場布置。公司認定消費者是為了公司的招牌才來的，而業務員、推銷員在公司的定位裡，可能只是產品說明員、價格比較員，或者送貨員，談不上是真正做行銷的業務員，因為產品的銷售不是因為你——推銷員（自以為），而是因為產品本身的性能或者是公司的招牌，所以，你不可能有大筆的佣金。底薪與各種福利、制度化的晉升在在吸引著你，卻也緊緊繫著你，尋求安定可以，然而發展與致富，同樣是空想。

4.完全無底薪的直接佣金制。

基本上，業務員不需要有任何福利與保障，只要給他最高比例的佣金。我想，重賞之下，必有勇夫。**除去了底薪的束縛，個人的能力得以解脫，全力地去衝刺，以你的努力及能力換取你應得的收入**，公平競爭，誰也怨不了誰，成者為王，敗者為寇。

而所謂的底薪，不就是Limit income；無底薪，則為Unlimit income。除非你能力有限，否則，以上這種制度，才是你大顯身手，鯉魚躍龍門的晉身梯。

所謂努力不一定成功，不努力一定不會成功。努力地騎上一匹好馬才會成功，伯樂們，就讓我們共同去尋找那一匹好「馬」吧！

（在此推薦一本好書：《「馬」上成功》，遠流出版社。要常看書，不要忘了。）

第三十四章 垃圾堆裡的名片奇蹟

不要輕易丟掉可能讓你致勝的任何資料。

還記得前文裡寫到的那顆「卒」子的故事吧！由瀨臨陣亡到決心放手一搏，命運之神竟是那麼神奇地趕到。那時候，一起做D.S.的有好幾人，其中有一個最後決心陣亡，離開這個行業，臨走的時候，給我一疊名片，算是他的「遺產」，也為我們這一陣子的共同努力奔波留下註解。

臨走的那一天早上，他很鄭重地把那疊名片放到我手中，對我說：「裕盛，這些我都拜訪過，只是還沒能促成，希望你好好把握！」

他的眼神有點濡濕與不甘，好個「革命尚未成功，同志仍須努力」。

我拍拍他的肩膀說：「放心，我會好好經營。」

一路逕送他到電梯口，彷彿到了烏江邊，壯士一去兮不復返，真夠悲愴呀！

非讓我找到不可

那一疊名片，後來我用橡皮筋綁著，放在抽屜的一角，也沒去理它。有一天早上，下好大的雨，我們大夥就在公司裡曬名片，順便整理整理抽屜，無意間又發現了那一疊「先人遺物」。隨手把它拿出來，開始過濾名片，自己覺得不怎麼樣的職稱就把它往紙屑桶裡丟（你看，多荒謬，居然不用去拜訪，眼睛看名片就可以過濾！）。

剛揉了一張丟下去，往下張看，印象裡還覺得剛剛那一張好像是總經理，怎麼丟到紙屑桶去了？愈想愈覺得不妥，我開始去翻紙屑桶，但因為已揉丟了一堆，要找出來談何容易。心想算了，但又有一種聲音說：「不行，非找到不可。」

就在心思轉動間，果然給我找到了。

「哇噻！真的咧！」

某公司廖總經理，公司在民生西路，工廠在三重市三和路四段。他的名字也有一個「裕」字，搞不好有緣分。我凝視著這張很皺很皺的名片，慢慢拿起電話來，管他的，先撥通電話再說，想那麼多都無濟於事。

第一次通電話，帶點驚奇與幽默

電話通了。

「您好，找哪位？」電話那邊是位年輕小姐的聲音。

「請接廖總經理。」

「您哪裡？」

「就說他朋友介紹的，我姓林。」她摀住電話，想必通報去了。我等了一會，搞什麼，在不在？是不是不來接？

「喂，」往下壓的聲音，「哪一位？」

「總經理啊！喔，是這樣子，我姓林，南山人壽保險公司。」我邊說邊思索著怎麼接下去，突然靈機一動，沒等他回話便說：「聽江湖上傳說，您要買保險。」（背景是已經有人拜訪過他了，就是我那位陣亡的同事，不是嗎？）

「什麼，江湖上？我要買保險？」他的聲音一下子拉得好高，突然笑出聲來，「你到底是誰？」

笑了就好，「喔，廖先生，是這樣子，其實我也沒見過您，只是很想去拜訪您。改天您不忙時，可以嗎？」

「喔，好吧！要來之前先聯絡一下。」

就這樣掛上電話，心裡舒坦了許多。剛剛真是緊張死了，什麼江湖上傳言，還好對他的味，拉近了距離，下次見了面，一定會馬上記得我。所以做電話約訪，**第一次打電話給客戶時，不一定要死板板，帶點驚奇與幽默，往往會有意想不到的結果。**

後來，我當然就開始去拜訪廖總經理，然後促成了一堆的保險（從民國七十一年底一直延續到現在，沒完沒了，還在發展，再為各位娓娓道來）。

人壽保險事業是長遠的

打完電話沒幾天，我就跑去了他的公司，初次見面，相談甚歡。公司的前面是商店賣場擺設，橫架上有一些時裝和毛衣，往裡走則是辦公室。廖總是四方臉，架著眼鏡，中等身材略胖，笑起來頗讓人安心，沒有大人物的架子。

他的保單費是兩萬三千五百六十八元，終身保障五十萬外加一些醫療，在民國七十一年十一月十二日簽約生效。想想也已經是十二、三年前的事了，而交情能維繫到今日，委實難能可貴，這也可見人壽保險事業之長遠性。

之後有空我就常去廖總那裡逛逛，慢慢了解他的哥哥是董事長，平常皆在三重辦事處，偶爾才來民生西路。

我與廖董碰了幾次面，他的身材和廖總完全相反，瘦瘦的，不怎麼能親近。為了能熟稔些，我決定大軍移師三重大本營，所謂不入虎穴，焉得虎子。跑了三重兩年半，終於簽下了董事長的保單，六萬元保費。

路長，情更長

這中間，民生西路及三重市各有一個職員也銷售成功，成為我的客戶。

三重市的職員姓鍾，幾年後他離開了公司，到西寧北路一家成衣店工作，繼而輾轉回宜蘭種花去。世事多變，但偶爾聯絡，感情還是那麼的好。他保費都按時繳，有時還親自拿來或電匯過來，當他上台北來，都會到我辦公室坐坐。

「林仔，您生意愈做愈好了！」

聽他這麼說，我滿感慨的，除了我們多年的感情維繫外，民生店那個職員保單給大家的影響很大。

那位先生只繳了半年，後來離職回花蓮老家去，半年繳到期後，我一直催繳，卻音訊全無。怎知過了催告期限後，有一天，他的太太打電話來，說他已心肌梗塞過世了。他太太問：「我先生不是有買個保險嗎？」

我聽了驚愕不已，三十五歲的人怎會得此病？我也很想理賠給他，卻愛莫能助，看看電腦螢光幕上他的生效日，只好直搖頭。

「吳太太，真的沒辦法耶，已經超過期限了，我不是一直在找你們嗎？怎麼都不回我電話？」

「不曉得，我以為我先生他在繳錢，真的沒辦法了嗎？……喔，那就算了。」聽得出電話那端她的哀傷與無奈。這個保單我真的催討很久，比較能心安，不過卻也覺得沒能幫得上忙，悵惘得很。這是我第一個死亡保單，卻因無繼續繳費，而無法申請理賠。

年紀輕輕的正值壯年，怎麼會心肌梗塞？不要說我們想不到，我看連他們也都想不到。可見，什麼時候要和上帝合約滿期，我們每一個人都無法預料，有生就有死，只是，買保險不是因為人會死，而是還有人要活下去，不是嗎？

北韓頭子金日成也是心肌梗塞猝然身故，享年八十二歲。太電董事長孫法民也在七月七日因腸癌仙逝，享年八十七歲，民國八十三年五月二十日，太平洋集團才在凱悅大飯店為孫法民福壽，而今卻斯人已逝；有一陣子我去SOGO百貨公司逛，到十樓去吃日本料理，也曾看到這一位企業巨人帶著家人在聚餐，隨和而硬朗，沒料卻怎麼也敵不過歲月的無情。

據七月十二日的《經濟日報》報導，孫先生生病期間，常常吐露的一句話是：「我實在不甘心，為什麼會得了這個病呢？」可見，不管老老少少，不管有沒有成就，大家都珍惜生命，希望它發光發亮，就算不照亮世人，至少也要照亮一家人。

而大自然的主宰，卻是如此的不公平，不管是三十五歲或是八十七歲，總有告別的一天，只是，當這一天來臨的時候，我們留給家人與世人的，究竟是懷念還是哀愁？這就是我們要深思的地方了。

主動要求客戶介紹客戶

經由廖總，已經促成四件保單，保費合計十八萬。

廖總平常有打網球的習慣，我沒什麼運動細胞，所以沒陪他去打。不要看球好發，「費神」羅傑．費德勒、「蠻牛」納達爾個個是Ace高手，不相信你去發發看，球在半空中，是游動的，光直直地丟上去就不容易了，何況下墜的球拍要剛好拍到，沒那麼容易啦！

移動的球打不到，好吧，那就去打不動的球——高爾夫，擺在地上讓你敲，總可以吧！奇啦！桿子是揮出去了，姿勢也很漂亮，上桿到右肩後，下桿脊柱不動，眼看著前方，但球呢？怎沒往天上飛？搞了半天，它還在原地。這個並不好搞，所以我現在不打網球，打高爾夫和游泳。

好啦！不管打球或游泳，重點是：各位，**要主動要求客戶介紹客戶，不要悶不吭聲的，否則客戶怎麼知道你有困難呢？**當他問你：「怎麼樣？事業做得好不好？」你要回答「好」？還是「不好」？回答不好，氣勢弱；回答好，他就不給你介紹了。你就這樣回答吧：**「當然不錯啦！不過好要更好，需要您鼎力支持。我做得好，您也有面子嘛！」**

所以每次去看廖總，我總會要求他介紹客戶。我要求了幾次，他拗不過我，拿起他那一群網球友名單，點了三、五個給我，我就拚命抄。

擒「主」為首要

其中有一個後來牽了一堆線：Stanley余是也。他的公司在德惠街附近，裡面堆休閒服與皮包，散落滿地，余先生的桌子旁邊有一堆皮包樣本。他身體精練，皮膚黑黑的，戴一只白底黑皮帶的手錶，非常性格與健康，打網球的嘛！

那時我已是主任，帶了另外一位業務代表去見他。聽我說是廖董介紹來的，他笑了笑，叫我在旁邊等他。等了幾分鐘，我覺得該告退了（注意，超過十分鐘，業務員就該起身離開，免得讓客戶看扁你，覺得這個業務員沒地方去了），就往門口走了。

怎知這時有個聲音從身後傳來：「喂，你們兩個是做什麼的？」

我們停下腳步，往回一看，一個矮矮壯壯、也是黑黑的中年男子叫住了我們，他腳上穿著皮拖鞋，脖子上一條亮澄澄的金鍊子晃在午後的日光燈裡，醒目傲人。

「喔！我們來看余先生，是我的客戶廖總介紹來的。不知您是？」

「我姓郭，這裡的負責人。你們是做什麼的？」

哇！有眼不識泰山，老大耶！難怪把我們抓回來。老大不談，談誰呀！我們趕快正襟危坐，我倒抽一口氣說：

「是這樣的，我們在南山人壽，有一份很好的理財計畫，不曉得能不能向董事長您報告，廖總也交代要特別拜訪您，只是我們有眼不識泰山，請見諒。」

「什麼計畫？你說說看。」

頭家畢竟就是頭家，氣派與氣勢都不一樣，格局大得很呢！

既然如此，我就不客氣了，拿出SAEP的建議書，說明了一遍。沒想到他非常有興趣，當場就簽了兩百萬，保費二十幾萬，那是民國七十三年三月，真是年輕多金的帥頭家，我們兩個真是感激得不得了。收了票，趕緊腳底抹油，快溜。

你看，介紹的余SIR還沒保，裡面的老大就跳出來了，一出手就知有沒有，那條金鍊子不是戴假的。

一個職場的負責人，總見不得外人跟屬下說三道四的，所以各位**到了職場，眼珠子要放亮，看清楚誰才是老大！**

所以各位行銷夥伴們，拿到名單，要趕快去翻牌，看看是鴨母二還是人頭老K，「寧可白做，不可不做」，唸三遍。

互相關懷的心在流動

那後來余SIR保了沒有？廢話，老大都跳出來了，他豈不是面子不保嗎？更何況他的飯碗還是郭董賞的，郭董講一句，誰敢不從呢？（擒賊先擒王，射人先射馬，記得嗎？你們是否射錯了？射錯了可以調整嘛！人非聖賢，知錯能改。）

我後來才知道，余SIR是郭董的妹婿，原來他們關係這麼密切。

余SIR保費六萬元，民國七十三年四月生效，比郭董遲了一個月，剛好趕上第七屆高峰，那年我拿了進入南山的第一個會長，職稱是業務主任，江湖乍現，英雄年少。如果不是郭董及余SIR及時幫忙，怎會有如此傑出的表現呢？

後來，余SIR在七十六年一月加保十七萬，郭董的太太在七十五年五月加保二十萬，郭董並加保終身險十萬元，兩家人就投保了近八十萬的保費。現在郭董已移民美國，保費委出老丈人代繳，偶爾回國，都會與我聯絡，請他吃吃台灣小吃，話舊起來，特別起勁。這種經過歲月磨勵過的友情特別甜美，客戶感覺我們一直兢兢業業在這個行業就很安心，所以從事人壽保險，**贏得的不只是業績和佣金，而是客戶和你維繫的那份信賴及對你的尊重**，真讓我們引以為傲而不忍離去。怎麼還有人忍心跳槽！

前幾年郭太太回來時，我還招待她去老爺酒店喝下午茶，想想以前相聚的樂事，聊聊她在美國的鮮事，相談甚歡，真實感覺人與人之間互相關懷的心，在其間流動，倍覺溫馨。

余SIR太太和小孩去了加拿大，但他本人還在台灣打拚，公司搬到復興北路錦州街口，一樣是皮包外銷，頭髮有了點灰，一樣是黑黑的皮膚外加一只白底黑皮帶的錶，這麼多年了！

每次去看他，他總拍拍我的肩膀說：「林仔！不用這麼拚啦！」

「哪裡，還不是都跟您學的。比起您的敬業與執著，阮還差得多啦！」

他咧著嘴笑，一口細緻的白牙，開心地送我進電梯。

無限奇蹟衍生了

郭董的公司延伸出兩個職員的保單：一個保先生和小孩，年繳保費三萬餘；另一個是服裝設計師，發展出另一個家族，現在已累計九十四萬FYP。

這原來是一張丟在紙屑桶的名片啊！

服裝設計師謝榮玫是個善解人意又才華洋溢的女子，二十六歲未婚，整日在工作室裡思索、剪裁服飾的走向。

當一個公司的大頭目、二頭目成為你的客戶後，這家公司的橋頭堡已經打下來了。郭董的公司是家美商公司，上上下下大概三十人左右，這樣的小型公司在台北市非常普遍，也比較容易經營。既然橋頭堡打下來了，就不要隨便放棄裡面的人，所以我經常去跟他們聊天，等搞熟了再尋找機會。

如果職員先促成，進出公司就沒有那麼方便，他們總要顧忌著老闆，上班時間和你聊保險，顯得不太妥當。像這家公司的這種情況，我好像領了一張通行證，他們都知道我是老闆的莫逆兼保險顧問，在上班時間和他們聊天，比較沒有顧忌，我也就方便許多。當然，我也自有分寸，這樣，大家相處起來就相安無事。

謝小姐，就在我這樣常去閒聊、扯淡，關心他們，偶爾帶些零嘴去的情況下，半年後，簽下了第一張保單，時間是民國七十三年十一月二十六日，保費不高，只有兩萬六千元。

只是當時，也沒想到，透過這樣一個小女孩，也能發展出總共十個人的客戶群，還包括鼎鼎大名的李居明和洪一中。所謂人不可貌相真是沒錯，每個人頭頂上一片天，好好經營，準客戶群就像個大草原般，廣闊無垠地在你面前鋪開，讓我們快意馳騁。

只有三個月的生命?!

謝小姐在家排行老二，上有一兄，下有兩個妹妹。七十三年十一月二十六日大妹投保，隔年五月二十日加保，半年後小妹投保，時間是七十四年十一月二十八日。那時大妹榮瑤尚未婚，在松江路美吾髮李成家的公司當小妹（櫃檯把關員），我去看她時，她還是清湯掛麵，清純亮麗，由於大姊的力薦，她很快就簽了約，也沒什麼意見。

不想後來她嫁給了徐生明——美和青棒的當家投手，是我們一家人的偶像，他投球四平八穩，一夫當關，萬夫莫敵。生明於七十八年九月五日投保，隨後她隨生明去韓國打化妝品隊。

民國七十九年生明從韓國回來時，多了一個女兒，她主動找我說：「你不知道，韓國的球員，只要太太一有小孩，馬上就找保險公司來辦手續。」出了一趟國回來，觀念愈見先進。後來又生了老二，也是找我去辦投保。

生明回國後有一陣子在文化大學任教。後來職棒開打，被味全龍引去當總教練，拿了一個全年總冠軍，好不瀟灑與神采飛揚。我請了台中一位書法家寫了一筆「龍」字書法給生明，並書「賀徐生明先生榮任味全龍隊總教練」。他們夫妻看了很喜歡，一直掛在天母家的牆上。

榮玫後來住院，中山醫院診斷為肝腫瘤，醫生建議開刀，否則只有三個月的生命。全家大為緊張，我到醫院去張羅，並忙著與榮總聯絡轉診之事，適巧被加拿大回來的大哥榮峰看見了，他看我裡裡外外招呼（中山醫院的醫生我大部分都熟），深深被我感動，叫我以後有空去看他。

南山是終身事業

往後的日子，謝家愁雲慘霧，我陸續申請癌症住院的醫療費，一筆筆都迅速理賠下來。倒是榮玫本人鎮定如常，堅持不開刀，找中醫按摩及開始吃齋。怪哉，不只拖過三個月，到現在還健康得很，每次去看她，哈哈笑聲不斷。只是很遺憾，她一直沒能再加保，不過，身體熬過來了，比什麼都有福氣，好心有好福報，真是一點也不錯。

她出院後一段時日，我依約去拜訪她哥哥，那時他的公司在南京東路三段，海霸王斜對面，他剛回國，還代理荷蘭的鬱金香進口。和他談了兩次，就簽約了，FYP七萬。

他說：「原本我投保的那家公司業務員，在我保了後就不見人影，很少看到像你服務這樣好的人。」

「報告謝先生，我們南山人壽的業務員都是以這個做終身事業的，您放心，服務至上，誠信第一是我們的宗旨。」

小妹榮瑛也在那幾天投保，與榮峰相差三天。真心的服務真是最好的話術，簽約的場面，非常愉快且迅速。榮瑤後來幫我介紹了兄弟隊的李居明和張永昌的太太——王罕。王罕在兄弟飯店二樓台菜部當主任，我常常帶全家人去吃飯，卻不知道是她。

榮瑤介紹後，他們很快就投保了。有一次我又去吃飯，王罕拉著我，小聲地跟我說：「等一下跟你們介紹三個人，成不成，就看你的功力了。」

後來成交了兩個：金蘭和秋香，保費都是兩萬多。而另一個進了南山，在我的營業處服務，業績好得很——麥淑燕，已晉升襄理，開著Benz C180滿街跑，笑容滿面，頗得人緣。

一見如故！

居明的太太婉如和榮瑤在高中時就熟。由於居明收入高，為了節稅，找了我去辦，每人兩萬四千元，剛好可列入列舉扣除額，一家四口合計九萬六千元。居明生性拘謹，不容易相信陌生人，還好有了榮瑤這層關係，才得以順利成交，那是民國七十九年底的事。後來婉如又添一子，也找我去加保，在此，一併謝謝他們。

榮瑤後來又介紹味全隊的投手教練——何明堂，他相貌明亮堂正，真是十足運動員的體格。原來別人一直去促銷，榮瑤知道後幫我猛推薦，他便決定見一面再行定奪。我倆果然一見如故！他相信了我的敬業與專業。

洪一中就住在居明家旁邊，不是居明去他家泡茶，就是一中到居明家泡茶，兩個人又是戰友又是鄰居，親熱得很。但要請居明介紹，他卻要我好好加油，考驗我的功力，不過，他幫忙敲邊鼓。

那時，一中的太太認識一位南山的女同事，據說她打電話打到一中都怕（反感業務員的緊追不捨）。我去了一次以後，就持長期經營法：有時寄些資料給他；過年時親自送南山年曆去，他不在，我放在信箱裡，人就走了。就這樣維繫了一年多，才贏得一中的信心，在民國八十二年一月十三日投保，FYP兩萬餘。一中說：「林仔，先給你一個小訂單，看看往後服務好不好，再說。」往後的服務怎能不好呢？你說是不是？

至此，FYP已合計一百四十七萬。

峰峰相連了十二個年頭

某天，廖總的太太打電話來。已經十幾年了，又接到她的電話，我驚喜至極。她叫我過去一趟，我以為有什麼事，原來她老大峻漢、老二峻穎已滿十四歲，希望我為他們規劃保單。想當年，他們兄弟也才只有四、五歲，一晃就成為高壯的青年了。

除了他們兩兄弟，廖太太的兩個外甥女也在民國八十二年七月二十六日同時承保。後來，廖太太的姊姊又找我去為她滿週歲的女兒加保，民國八十三年七月九日又促成了一個保件。

各位，請看一張名片——從紙屑桶裡撈回的名片，自民國七十一年十一月十二日，直到民國八十三年七月九日，橫亙了十二個年頭，保費加起來超過一百七十萬，保額超過兩千萬，人數幾乎達一百人！

這樣子的人壽保險事業，你們覺得可不可行？怎麼會是親戚朋友「拉」完了就沒有了呢？

如何做個受客戶敬重的人壽保險推銷員？

論稅務，客戶有會計師；講稅法，客戶有律師，兼各式各樣的財務專業人士打理。我們實不需整天將專業掛在嘴上。我們所謂的專業知識，僅只是功能上的滿足感（functional satisfaction），用來盡可能地向客戶提供最好的風險產品規劃。同時，不要忘了，得始終將客戶的最高利益置於自己的利益之上。

在客戶面前不用裝模作樣，無須故作老成，青澀有青澀的好，什麼人他沒看過。

知之為知之，不知為不知。

成交不在知與不知，在於誠與不誠。

拚命往前跑，拚命服務客戶，你的壽險事業將無邊無際。

Chapter6

掌握人性

在客戶面前，不用裝模作樣，無須故作老成，
青澀有青澀的好，什麼人他沒看過。
知之為知之，不知為不知，
成交不在知與不知，在於誠與不誠。

第三十五章
善用圓桌飯局，打入結拜會

每一個客戶，都能發展出三大族群的潛在客源。

一張名片的奇蹟，我們談到廖氏家族和謝氏家族的拓展，廖家兄弟和太太這邊的姊姊、妹妹以及女兒，已一步步地成為我們的客戶。謝氏兄姊妹也無一漏網，完全透過我們的服務而享有南山的保單，繼而延伸出無血緣關係的好友準客戶來。

由此，我們相信，任何一個客戶都可以發展出三大族群的潛在客源：

1.具血緣關係者。

2.不具血源關係者。

3.生意往來的上、下游客戶及朋友。

前兩類準客戶群，關係非常密切，血緣關係是親兄弟姊妹，非血緣關係是結拜兄弟姊妹，其緊密關係牢不可破。因此，只要集中火力突破其中一個環結，其他的環結就可能應聲而破，但仍需有技巧。

生意上的上、下游客戶及朋友，平常較少正式聚會，只有生意、利害而無同樂的友情。因此，**第三種族群必須花時間建立**（build up）。

只要功夫深，成功在眼前

第一族群最容易突破，畢竟是兄弟姊妹大家互相信賴，也很容易找得到，是我們首先要經營的。

結拜兄弟親歸親，但並非天天相聚，只是偶爾或定期聚會，而你就必須切入他們的聚會以求突破。

要知道，每個人的成功，背後必定有「老大」（後台）撐腰，而這位（或這群）大人物，客戶絕對不會輕易曝光，也許他是經濟的供應者，也許是人脈的聯絡者，除非你贏得他們的信任，否則絕不會介紹你認識他們。

所以，我們必須做到：

1.不會漏氣，介紹我給他們不會丟客戶的臉。

2.絕對放心，不會搶走客戶的風采或任何利害關係。

有了這兩點，客戶才願意帶領你見他更上一層樓的後台準客戶。接下來知道他們相聚的時間後，馬上要求原客戶帶你參加：「您覺得我參加方便嗎？」如果你平常功夫下得深，服務夠好，這就是時機來了。

從「第一攤」到「第三攤」的策略

1.第一攤

到聚餐現場，第一攤只負責夾菜、敬酒，人家願意或主人許可才交換名片，盡量拘謹守節，不要喧賓奪主。

2.第二攤

第二攤再去，已比第一次熟，名片也換得差不多了，帶一下氣氛，讓人家覺得你「好鬥陣」。

3.第三攤

已吃人家兩攤，第三次你自己主動要求由你回請，他們大都很樂意，反正你已白吃兩次了，也該上道地表示要回請。

第三攤（每兩週或每週一次）一吃完，你已經知道哪些人易親近，哪些人不易突破。先找容易上手的拜訪，硬角色最後再來。

「林仔，什麼風把你吹來的？哪有『贏』（空）來？」

「專程來看你。生意好嗎？」

「託你林仔福氣。有啥米代誌？」

「你看呢？」

「不是保險哪擱有啥米。」

「你內行！」

「按裡喔！我們這裡有幾張人情保，你拿回去研究看看，這樣的保障夠不夠？」

OK！機會就來了，人家已經講得很明白了！（所謂吃人嘴軟，拿人手短。第三攤的菜要請五千不如一萬元漂亮一點，免得花錢背後遭人罵：什麼蚵仔麵線魚翅！）

就這樣一個、兩個敲下來，後來連最硬的都成為你的客戶，不是很愉快？所以參加結拜會，你要靠原客戶夾帶過關。而第三類，需要串聯，連接上、下游。

成功不是偶然

每次去李居明家，他都在練揮棒，不是一根棒子，而是三根棒子抓手裡揮。

我問他：「怎麼這麼費力？」

他解釋：「這樣子，到時候才不會覺得棒子重。」

我試著拿起一根，哇！不輕耶，三、四根合抓，我根本沒辦法揮。成功真不是偶然，背後的苦練與汗水誰又看到了？

居明最愛的休閒活動是釣魚。有一次我問他：「釣魚有什麼樂趣？」

他說：「除了興趣，對眼力的訓練非常重要。魚未上鉤前，培養的是耐力，專注於魚標的動靜，就像球從投手擲過來時，非常地快速，要抓住剎那間結實地打擊出去，非要有實力與眼力不可。」

聽他這一番話，讓我更加佩服他，同時也更加深信：成功不是偶然，背後的代價都非常高昂。

成功沒有捷徑，過去沒有、現在沒有、未來也沒有，要成功，只有比別人付出更多的努力，如此而已。

第三十六章
成功三要件：觀察、模仿與創造

含淚播種，必歡呼收割。

我的體會是成功有三部曲：觀察、模仿、創造。

觀察與模仿可以讓我們很快達到一個水平，立於不敗之地，先求生存與活著。等到基本的動作純熟了，投入就會深入，繼之而來的靈感就叫創意。**觀察與模仿，是追根究柢的「學習」精神與徹底「改變」自己的能力；而以上這些，都要透過「行動」來落實、完成。**所以成功的元素：學習、改變、創意、行動，缺一不可。

親身體驗，成效最彰

在此舉一個學習與行動的例子。

大展圖書公司有兩本書：《推銷大王祕錄》及《撼動人心的推銷法》。遠流出版社有一本書：《鼓舞》，都是記述日本「推銷之神」原一平的推銷經驗與心得。學習，包括看書、聽演講、聽錄音帶及追隨成功者。看書大家都會，但是看完書之後，真正起而效尤，實踐裡面的實例與力行作者觀念的，又是一回事。我通常**很快就會把讀來的、聽來的、分享來的經驗，用到我的行銷工作上**，以印證演練它的實用性，進而體會其奧妙處。

唯有你以自身的經歷去演練、去實踐，學來的東西才有可能變成你的。否則我們經常看到很多同仁又是錄音、又是錄影，到頭來東西只是轉而留在錄音帶、錄影帶裡，永遠不會變成你的。**學習的關鍵在於練習、練習、再練習**，熟能生巧講的就是這個道理。

原一平推銷的觀念是以微笑化解敵意，他總共練成七十八種笑容。繼之以不斷地拜訪，每一次都不會長屁股，短短的十分鐘，把兩個人的關係拉到高潮，相視大笑後就撤退。每次都不聊保險，因為，你是做什麼的，客戶最清楚不過了，他當然知道你要來幹什麼，人家不想要，你一直提反而徒增反感且成效不彰。因此，**他總耐心地等待客戶出刀，他才出刀**，有一點像日本的強巴拉（武俠片），兩個武士在夕陽下對打良久，手握著刀柄一直繞圈子，結果，每次都是先出刀的先死。保險推銷有時也是這個樣子。

原一平每次去拜訪客戶都不提保險，搞到有一天，客戶終於按捺不住了，就問他：「原一平啊，你還在明治生命（保險公司）嗎？」

「當然在啊！」

「在的話，那為什麼每次來卻不提保險呢？你不急啊？」

「當然急啊！可是我急有什麼用，要你急才行啊！」

就這樣，客戶先出刀就輸了，原一平順利地簽下那張合約。

我看了以後，頗覺不可思議：「真的可以這樣推銷嗎？」心裡面暗暗決定，有機會一定要試試這套方法，看看到底適不適合台灣，還是只在日本有用。或者，根本是原一平掰的，哪那麼神啊！

管他的，再去！

這個實例發生在民國七十二年初，衝南山第六屆阿里山高峰會議的時候，當時並沒有在高峰競賽期間完成，卻趕在第一屆國外旅遊前達成。

有一次我到新生北路三段，有人介紹一個六樓的客戶給我，上去以後他卻不在，我馬上搭電梯又下樓。心想一趟路來，再換一個地方實在不經濟，浪費時間，還不如到附近做陌生拜訪。心念轉動，當下在一樓踱了起來。

一樓沒什麼店面，只有一家洗衣店和一家銀樓，我當然選擇銀樓做主攻。推門進去，是一位老闆娘坐在展示櫃後，看我進門以為是客人來了，趕忙站起來。

「喔！老闆娘是嗎？我姓林，是南山保險公司，今日特來拜訪，不知有沒有需要我服務的？」

「南山人壽，聽說不錯。」口氣還算溫和，讓我放心不少。

但接著她說：「可是，我弟弟在國泰建設。」

我一聽，搞不懂——妳弟弟在國泰建設跟我在南山人壽有啥關係？後來才弄懂了，原來她弟弟也可以招攬保險，如果她要買，「應該」跟她弟弟買。

「喔，」我失望得很，「那，沒什麼關係，您先比較看看，照您說，您知道南山不錯，改天我做個計畫給您看看，保不保沒關係啦！」

「好呀！」老闆娘姓胡，她回答得很乾脆，其實我心裡明白，這個保單掛了的成分高。

隔了幾天，我又去拜訪上次在六樓的那位客戶，沒指望。給胡太太的建議書已準備好，不曉得要不要給她，可是上次答應說要規劃給人家，怎可失信於人。算了，知其不可而為之，送她一份建議書也不算什麼。

我逕自又推門進了銀樓，堆滿笑容給她，很快地把建議書講解完畢，我就走了，看來是沒什麼指望囉！但是後來，我突然想起原一平的經驗，想想，死馬當活馬醫，反正收不下來，印證一下也好，於是決定管他的，再去！

學以致用是法寶

接下來兩個月的時間，我人概平均兩個星期去一次，每一次都謹守「規矩一，聊個十分鐘」。後來也跟老闆胡先生混熟了，他長得方方正正，身材壯壯的，胡太太則嬌小秀麗，夫妻還頂登對的。

銀樓的生意滿好的，有時候看高朋滿座，我打個招呼就走，反正「規矩二，絕口不談保險」，跟他們耗到底，看看有什麼結局。

這樣子又過了兩個月，加起來已經四個月了。有一天，我早上十一點去，銀樓剛開門，珠寶首飾也擺好了，這時去他們比較不忙。胡太太正在掃地，一看到我，她說：「林先生（她習慣這樣叫我），我想問你一件事情，你還在南山嗎？」

哇噻！終於出現了！四個月後，台詞終於出現了。對了，我該怎麼答呢？好緊張。

「當然還在啊！」

「還在？奇怪了，那你怎麼都不提保險了？你不急啊？」啊！竟然完全一樣。

「急啊！可是我急有什麼用？要您急才行啊！」看，完全符合，對白一句不差。

「喔，那上次你寫的那份建議書，你再講一遍給我聽。」

「胡太太，建議書呢？您去拿來，我跟您解釋！」

「好，你等一下。」

就這樣，胡太太在架子上一堆珠寶界的參考書裡，找出那份擺了四個月的建議書。我重新很有耐心、很專業地講了一遍。

「這樣吧，晚上我跟胡先生再講一次，如果他沒問題，應該就沒什麼問題，你明天再來一趟，好嗎？」

「當然好啦！」

「麻煩你了。」

「不會！」

讀了、聽了，要馬上活用

離開胡太太的店，我心裡有說不上來的舒暢，整個身子都飄了起來。那天晚上我輾轉反側想著：明天他們會不會變卦？

結果，再去的時候，胡太太微微一笑，拿出一張已開好的支票，說：「你對對看，金額對不對？」

哪用對！「謝謝，謝謝，胡太太，謝謝您。」

雖然保費只有三萬六千元，但那種成就感，真不是金錢可以衡量的。更何況技巧是從原一平那裡學來的，保險推銷的技巧，果然放諸四海皆準，因為人

讀了好書，還要懂得立即練習活用，才能把好方法納為己用。

性，也都相通嘛！

因此，奉勸讀者諸君，趕快讀書，而且讀了、聽了要馬上活用，好方法才能馬上成為你的法寶。

胡太太的保單成交之後，她的珠寶店成了我的業務來源中心，她的一些老主顧統統成了我的新主顧。計有廖小姐、黃小姐及她父親，胡太太的小姑及舅媽，有一次請她們吃飯，加起來剛好一桌。杯酒交歡的畫面令人難忘，再也記不起來初識時的尷尬與陌生，再也記不起來當初的辛勞，只記得那句話：凡含淚播種的，必歡呼收割。

第三十七章 Mission與Commission

保險乃大智、大勇、大仁的表徵。

我們通常稱智、仁、勇為三達德，現在來分析這三個字在人壽保險事業占什麼樣的角色。

智慧就是要眼光獨到

要選擇一項事業需要智慧，智慧和眼光是相通的，也就是要眼光獨到：眾人皆曰可，你不一定可；眾人皆曰不可，也許那就是我之所以在此的原因。

舉個例子：《華視新聞雜誌》報導台灣的大學畢業生，期望就業的前四大志願是：台塑、長榮、萬客隆、台灣IBM，你因為沒有一家是保險公司，就以為保險不能做，殊不知日本大學畢業生的就業前五大志願，依序是：東京海上大火災、三菱商事、日本生命、丸紅、全日空。你看！五家裡面，保險公司就占兩家。

這樣子的訊息顯示兩個含意：

1.日本的保險觀念比我們建全，保險規模也比我們大，投保率是台灣的十倍。

2.台灣的壽險事業大有可為，前途似錦。

將來有一天，大學畢業生都擠破頭要來的時候，你認為你還有機會嗎？而那一天必然來臨，我們拭日以待。

所以成功的第一步，必須要有涵養獨到的見解與眼光，如此才能洞燭機先，搶先登場。

跳下來做！才是真勇氣

有了眼光，智慧高人一等，是否就能成就一番事業？

還不夠，還早得很，因為你還得跳下來做。**覺得可以做是一回事，真的下定決心下來做又是一回事！**

一百個人，眼光獨到地刷掉百分之五十，跳下來做之後再刷掉百分之五十；剩下二十五人，為什麼只有一半的人會真正跳下來做？因為勇氣不能外加，工作技術、行銷經驗，主管統統可以教你，唯獨「勇氣」沒有辦法外加給你，它必須是自生的，是從人的內在引爆出來的。所以，7-11沒有賣，有的話一桶多貴啊！可是再貴也可以去買來灌進去，可惜目前沒有這種產品。

因此，再重申一次，送給你自己一份最好的禮物，有了它，你可以披荊斬棘，撥開雲霧，可以無堅不摧，可以無畏橫逆，就像義無反顧的獨木舟選手，一逕豪氣干雲划向最急的湍流與險灘，那就是——勇氣！

今天，這一刻，馬上送給自己這樣一份禮物。流水不擊向巖石，無法撞擊出美麗的浪花，所以要膽識過人。讓我們相信我們的眼光，邁向成功的第二道門檻。

愛到最高點，心中有保險

接著我們就比毅力，要毅力驚人才能見真功夫，世界上成大功、立大業、永垂不朽的人，都是因為他有驚人的毅力，絕不半途而廢，所謂為山九仞，功虧一簣。滾石不生苔，更是闡述毅力的最佳註解。

但是，壽險事業要如何持久，毅力驚人呢？我想，最重要的是，你必須要有仁愛之心。

保險事業是愛心事業，所謂「愛到最高點，心中有保險」正是這個道理。從事壽險不能太商業化，太商業化則見功利之心。如果只是想著佣金（commission），終有一天你會寸步難行；如果把我們建立在完成任務（mission）上，則步履穩健，快速奔馳，才能離開辦公室的大門，也才能推進客戶的門。

賈桂琳．甘迺迪曾說：「回饋給生命的，至少應與從生命得到的一樣多。」生命的本質在回饋、在分享、在付出，貴如第一夫人、富如船王之妻，終不免走完人生旅程，帶不走所有在世上的「得」，卻留給世人無限的追思，追思她的「捨」。

所以，我們來世上走一遭，究竟所為何來？來去匆匆間，究竟留下了什麼給我們這個社會、國家，甚至給我們的後代子孫？肉體的死亡是無可避免，精神上的被遺忘，則難以忍受。所以，金錢、物質上的獲得，只是我們努力去達成任務的附屬品。我們帶不走在這世上的任何計畫，我們「得」的皆將「隨風而去」，但我們為客戶付出的一點一滴，所有的捨，都將深植人心。

因此，要如何裝扮我們的一生，就在一個最高的奉獻——回饋思想的建立。而所謂仁愛、仁慈廣被，就是回饋的具體本質。

如此，大智、大勇、大仁成就了偉大的人壽保險事業，成就了偉大的人壽保險推銷員。

讓我們一齊高呼：「愛到最高點，心中有保險！」祝福百中選一的造物者最偉大的奇蹟——智、仁、勇三達德具備的人壽保險推銷員。

成功者的八大習慣

常思「感恩與回饋」，居成功者八大習慣之首。

1. 感恩與回饋。
2. 做個受歡迎的人。
3. 終身學習。
4. 參與競賽，如期晉升。
5. 自我管理。
6. 自我激勵。
7. 關鍵時刻，使出渾身解數。
8. 開發客戶像呼吸一樣。

第三十八章 「情」字這條路，結合上下游

點的突破，線的連結，面的鋪陳。

前面我們提過任何一個人都有三大介紹來源：血緣、非血緣（結拜關係）、生意上的朋友。

前面兩種關係比較緊密。而最後一種關係較為鬆動，需要業務員自己去組合、串連，最後連成一氣，成為一個族群，正所謂：點的突破，線的連結，到最後「面」的鋪陳，形成綿密的網，讓業務員悠遊穿梭其間，不斷地耕耘、服務、播種，終而收割。

現在，就來談談這最後一種——生意上朋友的保單的發展與延伸。大家想不想了解？——想！聲音太小，再喊一遍。——想！OK！我們往下探險。

推門而入，發現你的桃花源

民國七十五年初，我的營業處還在南京東路二段永琦百貨對面裡的大樓。有一天下午，我到南京東路林森北路口去做拜訪，看到一棟大樓不錯，就上去進行陌生式拜訪。從頂樓一路拜訪下來，直到三樓的菲律賓首都銀行，我習慣性地整棟大樓掃一遍，走到走廊最裡面時，看到牆壁上掛著不甚起眼的「全余公司」廣告時，遲疑了一下，心想：要不要進去？不過，遲疑歸遲疑，職業的本能仍驅使我推門而入。

這一推門，推開了近五百萬的保費，推開了一個電腦業主機板的族群，總投保人數超過五十人，件數超過一百件，綿延至今。

所以**不要遲疑**，**儘管推門而入**，也許，那正是一大片桃花源之所在。

陌生拜訪後，以謝函建立熟悉度

我推門而入，看到五個女生——正確來說，應該是四個女生加一位年紀稍大的女士。大家都在忙著，打電話的、傳真的、影印的。四個女生各忙各的，不過那位女士看到我了，眼神還算不差，有點詢問的味道。本來我還站在門邊，研判誰是老闆，這下子應該很清楚了。

我趕緊跨向前，公司不大，約二十坪左右，很快就到了她的眼前。向她問好，表明來意，只得知她姓王，她叫我寄資料給她，接著我就告退了。前後不到五分鐘。

後來我果真寄了資料給她，當然還附一封信，但在寄信時才踟躕起來，不知道大名怎麼寫。想了一下，決定填上「王大姊親啟」，心裡想，本來她就比較年長，而且就是老闆的架勢，這樣寫，其他的女生一定不會看錯或拆閱。盤算了一下，就逕自寄了去。

過了幾天，算算信應該收到了，就再去做第二次拜訪。所謂一回生、二回熟，加上一封信，這一次就聊得相當愉快。

王大姊不讓鬚眉，主掌國內工廠的聯絡及財務。妹妹小薇熟稔外語，對外負責聯繫買家。另有職員二人：會計小何、船務阿香及小真。大姊的先生劉玄山偶爾來看看，本身在另外一家公司服務。妹妹的男朋友叫永志，還在研究所讀書，有空才來走走。

她們五個人打出一片天，只是後來世事變遷，大姊退出公司，由小薇夫妻及小何，又加入小高另組公司。畢竟，在競爭激烈的工商業界，能掌握買家訂單的才是公司的主角。經過多次的拜訪研議，終於產下了一張小訂單。

民國七十五年，先買姊妹的退休養老險各一百五十萬，保費合計十萬六千元。同年五月加入了另三個人，保費合計十五萬八千元；到八月時，她們各加最高額度保費計十六萬。至此，這一家族五人的保費從年初開始拜訪到八月底，總計已收回FYP四十二萬。

保險才是愛的承諾

有一天，我打電話給大姊說：「大姊，疼不疼亭亭啊？」

「當然疼啊！我們母女一直相依為命。」

「怎麼疼？」

「哎呀！這你都不知道，我請最好的保姆，給她上最好的幼稚園……照顧得無微不至，只差沒摘下天上的星給她。」

「依我看，妳這些都不是疼，如果有，只疼在表面，沒疼到骨子裡去，所謂『愛你入骨』。」

她聽了一愣，「怎麼說呢？」

「等一下我告訴妳。兩點好不好？就在妳公司樓下的coffee shop，好不好？」

「OK！準時見。」

見了面，我拿出已打好的CEF（子女教育保險）建議書，這才是愛的承諾。

「妳在，當然可以給她無微不至的照顧。只是，萬一我們不在了，她是否能繼續就學？」

我的話，大姊聽進去了。民國七十六年元月，大姊投保兒教兩百萬，她的獨生女劉怡亭保費十四萬。

三大重要訣竅

至此，推門而入的全宗公司整個家族，王氏血緣、非血緣加起來總保費已逾一百三十萬。這中間當然掌握了幾個要領：

1.持續的拜訪

因為營業處離她公司近，走路就可到達，所以方便於拜訪。

2.提供各方面的服務

大王（大姊）買房子時，提供法律顧問一同簽約（他們的會計師陳先生也於七十六年成為我們的客戶）。小王（小薇）女兒要命名，我們也找了朋友幫忙，住院時各提供中、西醫的醫生特別關照，讓他們倍感溫暖與尊榮，當然，也感受到業務員的能力無遠弗屆。這種「以您為榮」的服務，就在整個圈子從裡到外，整個蔓延開來。

3.小禮物的潤滑

小禮物在人際關係的建立上，的確可以發揮不錯的功效。我常會在拜訪客戶的路上順手帶些頂呱呱炸雞、水果攤上買幾袋應時水果，與受訪者邊吃邊聊，讓人覺得這個業務員不是那麼小器，每次只會打電話來、喝咖啡、收錢、談生意，卻一點回饋都沒有。小禮物、小點心所費不多，卻其樂融融。

小兵不怠慢，大王要籠絡，每次出國回來，我也總會帶點精緻的化妝品、香水給大、小老闆。其他人也會各給一條口紅，塗抹之際，不會忘記我的周到，兵到用時，才會體會到什麼叫養兵千日。

另外，大、小王的女兒，我都送了象牙印章，給她們開戶頭用，並祝她們早日長大成人。大姊的辦公室，我送了幅大幅的字畫；小王新居落成時，客廳牆上留一片白給我，我刻意去畫廊挑了現代水彩畫，配合周圍的色系，可以看得出他們夫妻的滿意度。

所以，大事注重細節，小事面面俱到，**讓客戶想到保險時，一定會想到你，想到其他事時，也會想到你，那你就成功了一半。**

按兵不動，等待最佳時機

全余公司做的是個人電腦外銷，主要行銷歐洲，掌握了幾個大客戶，因此獲利頗豐。公司來來往往，都是和個人電腦有關的廠商，因為我常去，他們來的時候，很多時候我也在。

不過要領是：**先不要曝光。等他們走了以後，我才開始打聽：**此人是什麼來路？公司做什麼？賺不賺錢？人好不好相處？最後是可不可以找他？

所以，往往我對他們很了解了，他們卻還不知道。

慢慢地，他們到全余時經常看見我，也知道我是做什麼的，看我跟大、小王那麼熟，所以也不敢有負面的聲音。雖然我都已經打聽清楚了，但仍然按兵不動，在等待最佳時機。

大家在全余都相處愉快，漸漸搞熟了，只差那麼一點，但不夠沸騰，水還沒煮開。如何加溫呢？

能承擔的風險愈高，致富機會也愈大

那時候經常出入的，有做power supply（電源供應器）的老潘，我管他叫Punch，夫妻聯手在天母士東路開了家公司。老潘白白淨淨，成天穿件白襯衫，稱得上帥，哥兒們的造型。太太也秀外慧中，夫妻堪稱郎才女貌，羨煞不少人。

博海關志剛做電腦外殼，是個大哥級的人物，喜歡到俱樂部喝酒，最常去的是真善美。有一天晚上，他從松江路、長安東路口「紫羅蘭」Piano bar出來，橫過馬路，遭摩托車給撞了，撞成腦震盪，我不知道跑了幾趟醫院去看他。喝酒歸喝酒，人挺四海的，對了味，他會對你很照顧，而為了對他的味，我尋思好久。

陳明是個老實人，那年二十八歲的他未婚，和幾個朋友合開公司，做印刷板路。因為品管不好，全余後來不太敢下訂單，可見他經營公司的辛苦。不過後來我去找他時，他還是很義氣地要公司五人投保十萬元保費，令我感激不已。最大的保單是保費合計一百多萬，做Apple電腦連接線的，公司賺錢，所以還不急著上市。

總計由全余拓展出六家廠商，總計四百萬，在七十五年至七十七年約三年時間內完成，真是始料未及的事，推門走進了一片桃花源。所以業務員不要怕承擔風險，不要怕陌生式拜訪，**我們能承擔的風險愈高，能承受的壓力愈大，將來致富的機會也就愈大。**

你就是永遠的火爐

話說從頭，這些客戶、朋友是怎麼組合起來的？怎麼有辦法像敲磚一般，一個一個敲下來，而無一漏網？那就是——「情」字這條路，好好掌握。

中國人做生意，常在餐桌上完成，圓桌代表情感的結合，我們在餐桌上，結合情感，在各自的公司完成生意。

當我在全余搜集夠多了名片，每一個人、每一家廠商我都瞭若指掌後，我開始嘗試把他們集合起來，因為雖然大家來來往往，平常點頭致意或嘻嘻哈哈，但都沒有真正聚在一起，猶如一盤散沙，大家只為了生意，卻忽略了情誼的交流。

大家都忙，也沒有想到要把這樣的關係連起來，和全余也都是單線發展，只有我全盤俯視。因此，就在大姊生日前夕，我決定把他們集合起來，由我做東為大姊祝壽。

徵得大姊同意後，我開始打電話聯絡，地點訂在福華飯店江南春。大家接到電話後，都相當興奮，說是為大姊祝壽，其實每個人也都想借花獻佛，原因有二：

1. 全余是他們的買家，買家請客，焉能不捧場。

2. 他們彼此之間，也想多認識認識，聯誼聯誼，商場上互通有無，如果有商機豈不更好。

所以聚餐當天，大家都盛裝赴宴，好不熱鬧。而在請柬上，我也花心思附了一封文情並茂的信：

AUTO大集合

主旨：新春團拜暨感恩大會

說明：
去歲各位看官虎年行大運，吃虎肉啃虎骨，鈔票與訂單齊飛，ＩＣ共ＬＣ一色。個個眉開眼笑，手舞足蹈（據說有人因此閃了腰，住院三週）。職AUTO因緣際會，蒙各位大爺寵幸有加，大力提拔。涕泗縱橫之餘，特備菲酌，以表寸心於萬一。
值此新春佳節，春風宜人，到處吻上我們的臉，誠所謂一元復始萬象新（三元可買紅豆冰），衷心祝福列位看官兔年更是行大運，走路打橫，衣袖帶風，財源滾滾，不亦休乎。

時間：中華民國七十六年二月十日（星期二）
　　　下午七點正

地點：福華大飯店三樓秋菊廳（江南春）

我當然坐在大姊旁邊，席間杯觥交錯，我頻頻勸酒，絕口不提保險事。好像大家等這場宴席已經很久了，酒足飯飽後，他們說他們的生意經，我則熱情招呼，真是賓主盡歡。

宴席結束前，我提議這種聚會要繼續下去，輪流主辦，大家一致舉手通過，大姊義不容辭接下了下一攤，阿炮仔拍胸脯說他輪第三，關老大差點翻臉，只爭得第四……

就這樣，每個月我都會帶大家找好場地，打點妥當，每個人對我的熱心也都留下深刻的印象。第三攤後，我才開始到他們各公司走動，展開我的「沸水行動」。

切記，未燒開的水不要輕易拿來泡茶喝。同時，不要忘了你是永遠的火爐，負責煮沸的動作，而之後倒出來的那杯茶，就是我們的報酬了。

後記

穿越逆境，打好人生的牌

民國八十四年元月十五日深夜十二點，剛剛完成了整個打字稿的複閱。保險行銷資深編輯吳錦珠告訴我，後天一定要把校對稿交還給她，因為距離出書的時間已很緊迫了。真的要出書了！我的心裡面有種甜甜的感覺，卻也有種百感交集的複雜心情。因為要感謝的人實在太多了，容我再花一點點時間來謝謝他們好嗎？

八十一年寫完「楔子」開頭的三千字後，我就停筆了。陸陸續續和保險行銷的梁社長談了幾次，也曾約在老爺大酒店法國廳喝下午茶討論書的大綱，卻也不得要領致無疾而終。八十二年元旦，梁社長託祕書傳真了賀卡給我，末了還加句「我們還在等候您的大作」的叮嚀，這真讓我的心情激動不已。梁社長，真的好感謝您，若

後記

穿越逆境，打好人生的牌

沒有您的執著與賞識，就沒有今天的《奪標》。

南山人壽前副董事長郭文德先生是業界的聞人，雖然他一直不居功、不求名利，然而南山人壽在他手裡擘劃起來卻是個事實，這麼多年來的高成長也是個如鐵般的明證。他早年由馬來西亞孤軍來台奮鬥，從披荊斬棘進而開拓出今天這樣一片璀璨的天空，即使以「豐功偉業」這四個字也尚不足以形容他的偉大！

而他所培養出來不計其數的專業人才，自從政府開放保險以來，不管是美商或本土，所造成的「南山風」與追隨「南山經營模式」，在中華民國保險史上影響深遠。如今他還是那麼的執著與投入，並堅持人壽保險業是社會公器的理念，穩穩掌握公司的大方向，讓所有的南山人在驚濤駭浪的高度競爭中，也不致慌張或迷失。從早期的「提升保險從業人員在社會上的地位」到中期的「成為服務最好的保險公司」，一直到「落實Solid理念」，無不調整了我們的心態，一逕航向成長的高峰。謝謝您，郭先生。

林文英總經理是我的恩師。從他手裡不曉得傳承了多少的獎杯給我，但這些都比不上從他身上學到的做人處事的道理及領導者的風範多。我剛進入南山時，他因業績突出，甫從花蓮被郭先生慧眼識英雄提攜入內勤為壽險業務總監。爾後短短數年間，一路從總監晉升為協理、副總、執行副總，而終在八十三年六月晉升為南山的「總瓢把子」——總經理。這期間我經常叫錯他的稱謂，實在是晉升得太快了！如果不是真真身手了得，怎會有這樣耀眼的成果。這幾年，每當我不如意或心情起伏時，總是會去向他求救請益，而他總能在關鍵處耳提面命，也才能使裕盛從一莽撞少年漸次成長至今。真心誠摯地謝謝您，敬愛的林總經理。

八十三年拚完第十七屆高峰會議後，我快馬加鞭地寫稿。大部分是利用晚上及週六、日或放假時，有時不免文思枯竭或因一時怠惰而鬆懈。這時，耳旁就會響起太座輕聲溫柔的關懷問候：「寫到哪裡了？」平常她不怎麼管我營業處的事，更不會過問業績事宜，但關於出書這件事，她可是比我更認真執著。所幸有她不斷的鼓勵和叮嚀，否則這本書不曉得什麼時候才能問世。

在我生命中另一個最最重要的女人，是我的媽媽。媽媽是同我分享第一張保單第一筆commission的人。想當初全家坐困愁城，我又去從事無底薪的工作，前途未卜。只有媽媽堅毅鼓舞的眼神，讓我有了無比的勇氣去打拚。永遠忘不了每次她送我出門時，巷子口裡她的身影；也永遠忘不了當拿到第一筆佣金時，在汀州路舊宅的午後客廳，母子倆為突破困局而歡欣大笑的喜悅；永遠忘不了這幾年來奔波各地衝刺業績時，母親的叮嚀與祝福。當然，她也得到我給她的回饋，每一次出國旅遊或高峰會議，我都會帶著媽媽一起去，以略表我的孝心。當然這些都不足以表達我對母親濃濃的摯愛，我在這裡要大聲地說：媽媽，我愛您！

榮譽因分享而擴大。

永豐通訊處的全體同仁：感謝您們。

沒有您們的協同合作，精實團結，就沒有今天的永豐，更沒有今天的裕盛。裕盛的所有榮耀，都是全體夥伴拚戰、堆疊起來的，感謝您們。

所謂志同道合，珍惜機緣真是一點也不錯，在壽險事業無限天空的衝刺中，這一段攜手奮鬥出來的情誼真是彌足珍貴。這一路走來，不管外面的風雨再大，都澆熄不了我們的情誼與心頭堅定的信念，只會讓我們更緊密地結合在一起，共同邁向那更壯麗的未來！Thanks again! My dear partners.

每當客戶對我說：「林裕盛啊！你真厲害啊！又得獎啦！」

我總會這樣回答：「沒有一流的客戶，哪來一流的業務員。」

我更要感謝的就是這麼多年來，能支持、提拔、厚愛我的客戶們，沒有您們的鼓勵支持，就沒有今天的我，就沒有一次又一次向頂峰挑戰的決心。當掌聲響起時，讓我為您們獻上最崇高的敬意與謝意。《魔繭》（Cocoon）這部電影我看了無數次，是講外星人來地球找回舊時同胞的故事。劇中有一位得了絕症的老人，拒絕去泡能重生的泳池與去永生的國度，同伴們不解地問他，他是這樣回答的：

「大自然給每人一副牌，我們要好好地打，千萬不要在牌局將殘時，才企圖洗牌重打！」

我很喜歡這句話，它不但可以用來激勵客戶，激勵部屬，更可激勵自己。真的，我們真的得好好打屬於自己的這副牌，誠如林總經理所言：「歷經風霜難逃老，一事癡狂便少年。」年輕時的生命一定要讓它發光發熱。逆境是個很好的老師，成功的人往往從失敗中學到的東西，要比在勝利中學到的更多，成功的人都是能忍受逆境，穿越逆境的。No heavy rain, no beauty rainbow. 不是嗎？讓我們一起穿越逆境，一起好好打這副人生的牌，一起去看那雨後的彩虹，一起去「奪標」！

寫於八十四年元月十六日凌晨兩點

附錄一

「失智母親是菩薩」，兩兄弟病榻陪伴十四年

——《遠見雜誌》第三六六期專訪（二〇一六年）　文◎林讓均

頂著多項保險紀錄的天王級超級業務員、南山人壽永豐通訊處處經理林裕盛，走過無數喝采不斷、掌聲夾道的紅毯之路，但他最想回到八年前的台北市忠誠路二段。

那是一個平凡無奇的下午，林裕盛陪著母親往返百貨公司與住家，沒想到那短短半小時的路程，竟是母子間最後一次散步、話家常。

「款仔走」，成母親最後一句叮嚀

沒多久，失智的母親必須住院，病情急轉直下，她很快無法言語。最後一句

完整的話，就是叮囑探病後要離開醫院的林裕盛三兄弟，「款仔走～」（台語，慢慢走）。

「款仔走～」從此烙在林裕盛心上，這句話像是母親的道別；對他來說，也是「陪伴媽媽好好走完人生路」的自我許諾。

六十九歲發病的林媽媽，至今失智十四年。剛開始，是理髮師發現林媽媽給小費愈來愈大方，覺得不對勁，告訴林裕盛，一番周折之後才確診為額葉萎縮

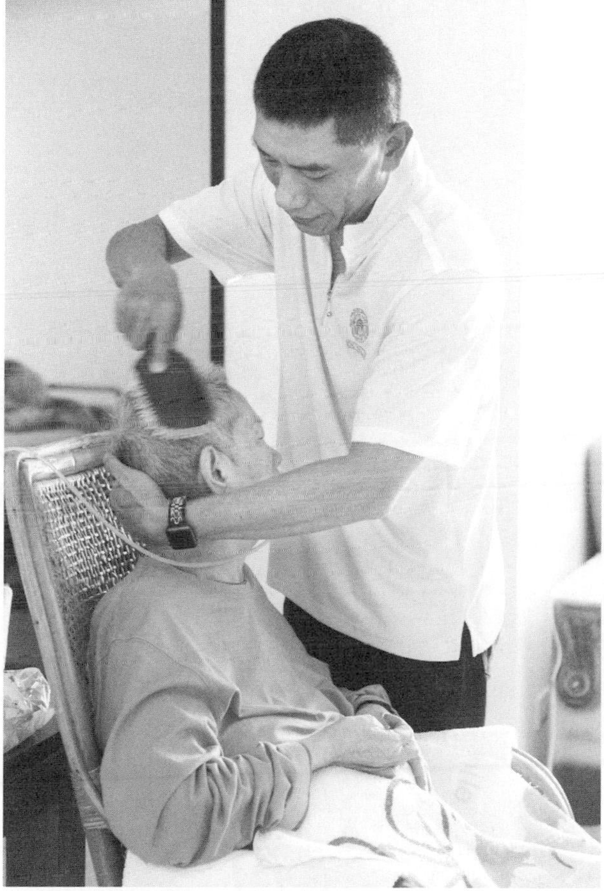

為母親梳頭是林裕盛為人子最大的幸福。賴永祥攝影。

十四年來，林裕盛與弟弟分工照護失智的母親，因為自己顧才安心。

型的失智症。

病發初期，林媽媽因為沒安全感，每天早上一看到林裕盛要出門，就會拿著裡面空無一物的手提包，也要跟著去。也因此，長達一年半的時間，林裕盛都帶著母親到通訊處上班，直到她逐漸大小便無法自理。

病發後不過四年，林媽媽就開始嚴重失憶。曾經一次南下訪親之旅，突然間就不記得自己的親人，林裕盛的大弟林盈志趕緊載媽媽北返。

「喂，你是誰？你要載我去哪裡？」聽到母親這樣問，林盈志暗喊不妙，因為媽媽竟然把他也忘了，趕緊打電話給林裕盛。還好母親記得哥哥，才解除危機。

林裕盛兄弟是出名的孝子，對母親盡心照顧，然而她病情的惡化程度，卻遠超過預期。

七、八年前，就在母親不再能說話、走路之後，本來同在南山任職的林盈志，毅然辭職，回家專責照顧母親。

「當時沒什麼掙扎，就決定辭工作了，因為媽媽需要照顧嘛！」雖然還另聘一位外籍看護，但林盈志幾乎包辦所有採買事宜，還親自下廚為母親熬大骨湯、調製可用鼻胃管餵食的食物。

林家兄弟協議出照護分工模式，「一個出錢、一個出力」。大弟出力，哥哥則每月支付略優於全國平均薪資的薪水給他。

雖然有所分工，但是與母親同住一起的兩兄弟，仍共同承擔責任。母親生病後，林裕盛便不再長時間遠行，對於難以推辭的國外演講邀約，頂多離家四天三夜。

安老院不是選項，「自己顧才安心」

難道不曾考慮送母親去安老院？「送安老院從來不是我們的選項，因為媽媽自己顧才安心，我們負擔得起！」自己做保險，林裕盛當然早為父母做了健康醫療險的規劃，只是父母當年還沒有「長照險」商品，現在照護費用大半還是得自己支付。他建議，像是林媽媽這種老後長照風險，最好還是轉嫁給長照險。身為一個超級業務，照顧父母的經濟重擔，對林裕盛來說不是難題。他內心深處最焦慮的是：「媽媽是不是忘記我了？」

從小林裕盛與母親最親，當初會加入保險也是母親勸他先別去留學，留下來幫家裡還債。從事保險後，林裕盛的每個重大光榮時刻，台下都看得見母親熱烈拍手的身影，直到近十年前。

「媽媽就像一尊老菩薩，因為菩薩不講話嘛！但我相信她都聽得到！」每天早晚，林裕盛會一邊幫母親梳頭，一邊向母親報告大小事，親親她的額頭，彷彿回到兒時親密時光。

十四年來，林裕盛不只練習「面對媽媽失智的勇氣」，父母皆是八旬老者，他也經常蒐集名人經驗，要自己做好心理建設：「費玉清在他媽媽走後，仍然對媽媽道早問安，出門還對著空氣說再見！」

在父母年老之後，如何找到自己的方式愛他們，也安頓自己的身心，是多數熟年族必須提前練習的人生課題。

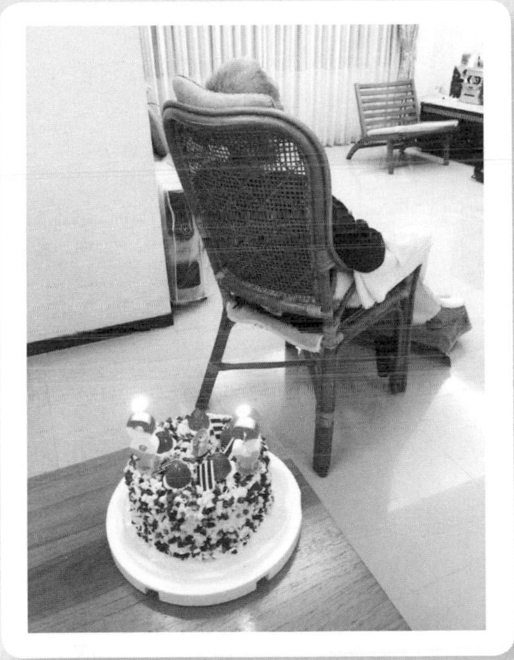

林裕盛獻給母親的生日祝福：
「祝媽媽83歲生日快樂！雖然妳不認得我們了，我記得妳就可以了，我們會一直在妳身邊，照顧妳，永遠愛妳。」

附錄二

挨罵也要找梗妙答，客戶不只息怒還加碼

——《今周刊》第九九七期專訪（二〇一六年） 文◎陳玉華、洪依婷

林裕盛的保險客戶超過五千多人。

他說：「客戶是一壺冷水，推銷員是那台火爐，你要不斷燃燒，直到水開，泡出溫潤的茶來。」

如今他年薪千萬元，粉絲追隨，靠著不斷的話語磨練，打造出自己的超業DNA。

「免…免…免啦！」林裕盛一走進店內，美髮店的老闆娘不耐地揮手，連三聲「免啦」（台語，不用了）。

林裕盛自顧自地拉來板凳，一屁股坐在身旁嘆：「老闆娘，我今天吃了很多碗（麵），你可不可以賞我一口飯吃啊？」在第十二次登門拜訪後，這位老闆娘成為林裕盛的客戶。

六十歲的林裕盛在新書發表會中，講起二十多年前被拒的場景，現場的年輕保險業務員會心一笑。他戴著墨鏡、穿著剪裁合身的西裝，以「黑狗兄」的姿態唱作俱佳。他連續達成三十次高峰會（壽險公司表揚績優業務員大會）資格的輝煌戰績，在保險界無人可敵。

元月初，他發表於十七年前的著作《雙贏》，依舊熱賣，望著簽書的隊伍，他仰著頭說：「**你夠堅持，可以打敗85%的人；如果你再堅持，就可以進入前5%的TOP。**」

小蝦養出大魚

送禮長達三年，打入建商社交圈

因父親經商失敗欠債，當年台大化學系畢業的林裕盛，放棄出國深造，賣保險賺錢養家。「回到南部親戚家，一聽我賣保險，請吃一頓飯後，就把我丟在餐廳，終於體會**『富在深山有遠親，窮在路邊無人問』**是什麼感覺。」

如今，他年收入上千萬元，出入以賓士代步，兩岸邀約不斷。演講時，台下年輕人閃著羨慕的眼神問：「怎麼把夢想化成行動？」

他講了一個故事：「**當我騎自行車時，別人說路途太遠，根本到不了；我換了一輛小轎車，別人又說，前面有懸崖，沒路了；開到懸崖，我就換成飛機，結果，我到了任何想去的地方。**」他說，夢想不是長在嘴巴上，自己的夢想要自己扛。

「林仔，我不想買保險喔！」某位建設公司老闆一看到林裕盛，擺明拒絕。第一年得知對方父親生日，林裕盛送西裝布料；第二年，董娘生日，林裕盛準備了香水。

摸清了老闆的作息，包括座車維修空檔，那天林裕盛算準老闆參加建商私人聚會的時間，開著自己的賓士說：「董仔，順便載一程？」到了俱樂部樓下，董仔禮貌性地問：「要上來坐坐嗎？」林裕盛欣喜接口：「方便嗎？」

等了三年，那一晚，林裕盛打入了一整桌的建商社交圈，不僅大魚入網，而是進入一個池塘。他說：「**人性是人情的堆疊。**」沒有小蝦養大魚的觀念，是爭取不到大客戶的。

從拒絕到點頭

好野人在乎讚美，爽就會買單

他分析，套交情之前，一定要先累積情感，拜訪十次，第一次談保單，剩下九次，只要帶咖啡或是雞翅膀陪客戶聊天即可。

他說，保單內容都一樣，客戶向誰買都可以，厲害的業務員，要避開大家都走的陽光大道，把客戶逼進情感的小巷，開出坦克車來，必可獲得信賴。

二〇〇八年金融海嘯爆發，林裕盛正在與客戶談投資型保單簽約。結果前一晚，電視上財經節目播出「投資型保單的十大陷阱」專題，他一到客戶辦公室，對方劈頭就問：「昨天電視看了沒？你講講看，到底有什麼陷阱？」

林裕盛趕緊遞上雪茄說，「大ㄟ（台語，老大），這節目做得真好，先前也做過賓士車的十大陷阱，小巷開不進去，零件容易被偷……，但，你為什麼會有一輛？凡事都有其相對論，有優點必有缺點啊！」

客戶笑著將支票丟給林裕盛：「你就是這張嘴厲害，拿去啦！」

林裕盛說，「碰到客戶質疑時，你一定要學張無忌（武俠小說人物），使出乾坤大挪移，不要就事論事，辯下去沒完沒了。」

那一波投資型保單損失慘重，一位客戶從歐洲回來，氣呼呼地興師問罪。林裕盛拉起手，誇讚對方：「大ㄟ，全球金融海嘯沒虧到錢的，哪算是好野人。況且這也不是虧錢，僅是帳面數字而已，你若現在贖回，就真的虧錢了。」

最後，林裕盛引用股神巴菲特名言：**「當你要拿磚塊砸營業員，請在上面綁一張鈔票。」**說服了客戶加碼一百萬元，後來也轉虧為盈。他說，**有錢人最在乎的不是錢，而是讚美，尤其是聽了很爽的讚美。**

逼自己優秀，然後驕傲地生活。

祝福大家勇於去奪標！

後會有期！

【特別收錄】

戰神親授52則奪標心法

一週一則，力挺你站上高峰！

1 Impossible = I'm possible!

2 如果一生只有一次翻身的機會，我們就得拚盡全力。

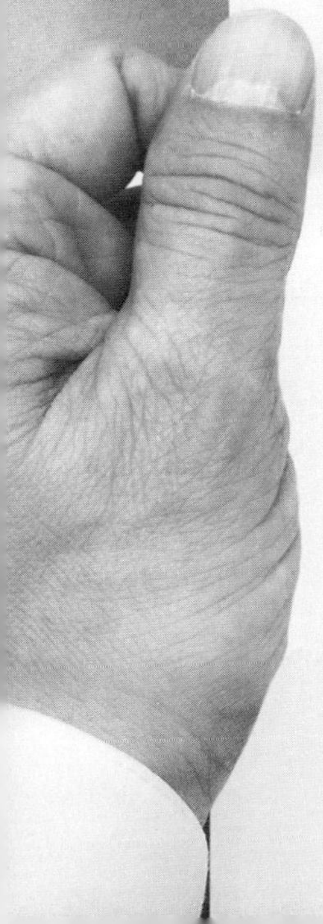

3 想成功沒有用，要想成功想瘋了才行。

4 寧可白做，不可不做！

5 上進心和欲望不同！後者只是空想，上進心卻是實際的行動！

6 邊做邊學習，不要邊做邊懷疑。

7 平庸的人胡思亂想，優秀的人一心一意。

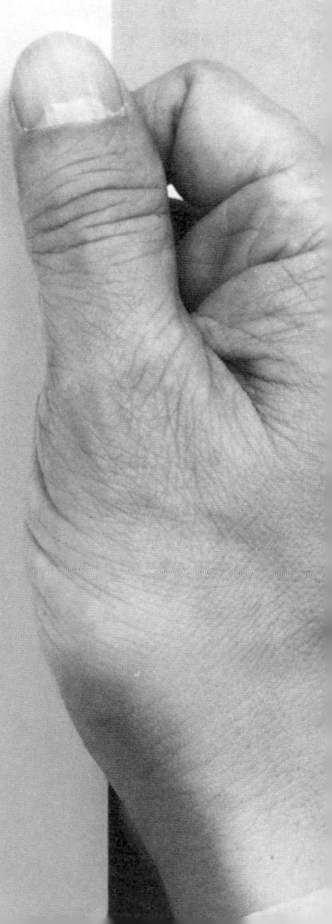

8

最會賺錢的三個星座是：專注做、馬上做、堅持做。

9

當你為想要的東西忙碌的時候，就不會為不想要的東西而擔憂了。

10

沒有比腳更長的路，沒有比人更高的山，千里之行始於今日。

11

與其擔心未來，不如現在努力，做一個最努力的人！

12

勤於陌生拜訪，每一扇門的後面，也許就藏著峰迴路轉。

13 我們相信道德、汗水、勇氣和堅持換來的美好，將陪伴我們到永遠。

14 讀書是為啥？不過是開闊視野，同時精進生存的技能！

15 在冰冷的水裡衝刺，才知道堅持真不容易！

16 無論做什麼，決定做與不做，只能是自己。

17 沒有四季，只有兩季：努力就是旺季，不努力就是淡季。

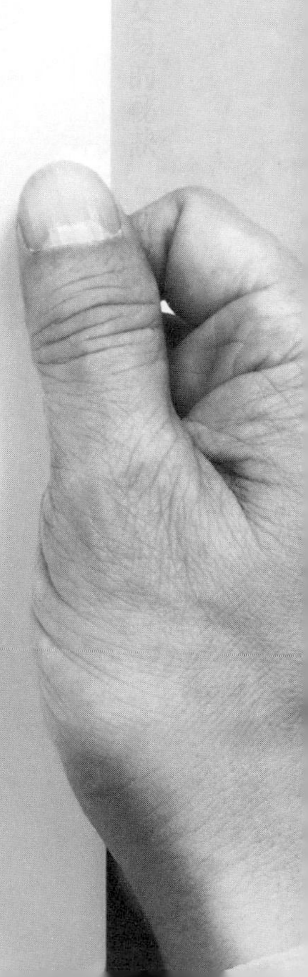

18 自信來自努力，我們必須非常努力，才能看起來毫不費力！

19 不要問客戶為你付出多少，先問你為客戶付出了多少。

20 成交不在知與不知，而在誠與不誠。

21 所謂「戰神」——站神，就是站在路邊，想客戶想到出神！

22 天天見客戶，天天接財神！

23

陌生拜訪不是神話，而是見機行事，得體地講話。

24

腳勤嘴甜脖子軟，推銷怎會難？

25

與其專業到客戶敬畏你，不如誠懇到客戶願意提拔你！

26

業務員就是客戶背後的那盞燈，為他照亮愛自己和愛家人的路。

27

沒有離開的客戶，只有離開的業務員。

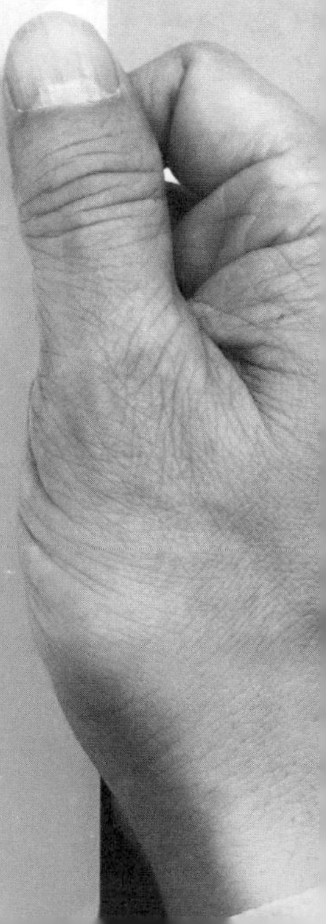

28 做業務員，除了積極，我還擁有什麼？

29 愈難纏的客戶，讓人愈有成就感。

30 拒絕才是推銷的開始，客戶的「不要」，應是「不，要」。

31 失敗的次數＋1次＝成交。

32 成功是站在堅持到底的人這邊的！

33

去逗客戶開心吧！你給他他想要的，他就會給你你想要的！

34

要想得到一樣東西最可靠的方法，就是讓你自己配得上它。

35

做事業賺錢會累，但是志業是終生不悔，不悔不怨！

36

有時候，我們認為最困難的路，或許是最直接的路。

37

願意放下身段，就是一種優秀。

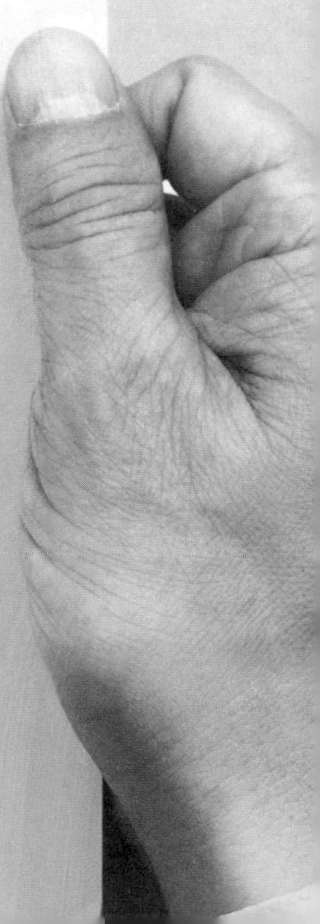

38 逼自己優秀，然後驕傲地生活。

39 唯有自己強大，才有更多選擇的權利，才能體現最大的尊嚴價值！

40 什麼叫拚盡全力？就是完成目標！

41 沒有超級巨星，只有超級苦頭！苦盡，才會甘來！

42 避免失敗的唯一方法，就是下定決心獲得成功。

43

除了出人頭地，我們別無選擇！

44

永不言敗，不願輸、不服輸、不能輸！

45

如果找不到堅持下去的理由，那就找一個重新開始的理由！

46

成功三部曲：觀念正確，找到方法，嚴格執行！

47

在不斷的努力中尋找運氣，在連續的運氣中創造成功。

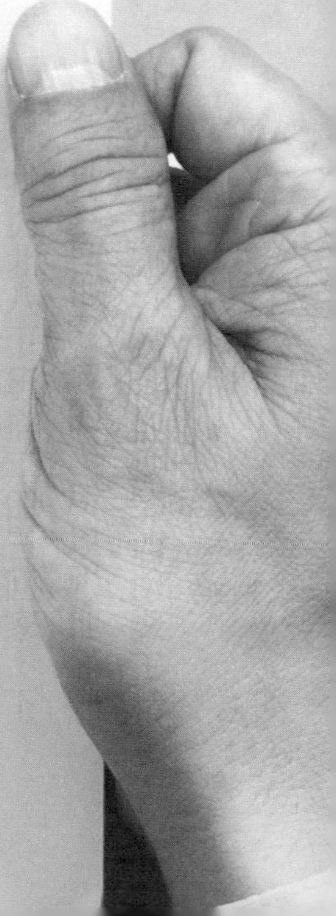

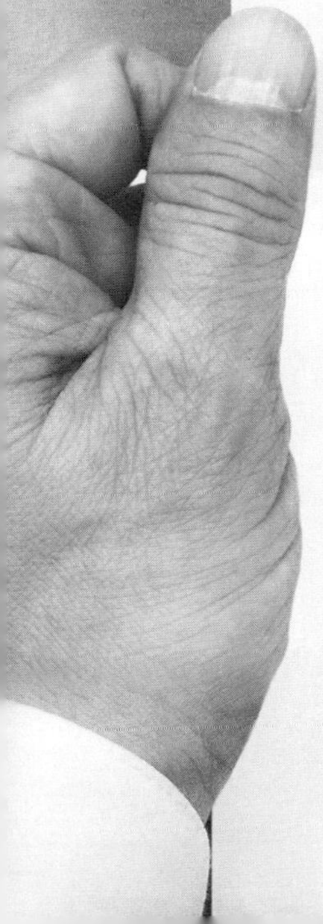

48 適者生存，優者勝出，勝者為王！

49 成功的人都是能忍受逆境，穿越逆境的。

50 除非你身先士卒，否則永遠算不得英雄好漢！

51 夢想不是長在嘴巴上，自己的夢想要自己扛。

52 奮起吧！別讓夢想淹沒在回憶裡。

國家圖書館預行編目資料

奪標——千萬業務30年的必勝信念／林裕盛著
--初版.--臺北市：寶瓶文化, 2017.4
面； 公分.--(Vision；145)
ISBN 978-986-406-084-9(平裝)

1.保險行銷 2.職場成功法

563.7　　106004652

Vision 145

奪標——千萬業務30年的必勝信念

作者／林裕盛

發行人／張寶琴
社長兼總編輯／朱亞君
副總編輯／張純玲
資深編輯／丁慧瑋
編輯／林婕伃・周美珊
美術主編／林慧雯
校對／丁慧瑋・劉素芬・陳佩伶・林裕盛
業務經理／李婉婷　企劃專員／林歆婕
財務主任／歐素琪　業務專員／林裕翔
出版者／寶瓶文化事業股份有限公司
地址／台北市110信義區基隆路一段180號8樓
電話／(02) 27494988　傳真／(02) 27495072
郵政劃撥／19446403　寶瓶文化事業股份有限公司
印刷廠／世和印製企業有限公司
總經銷／大和書報圖書股份有限公司　電話／(02) 89902588
地址／新北市五股工業區五工五路2號　傳真／(02) 22997900
E-mail／aquarius@udngroup.com

著作完成日期／二〇一七年二月
初版一刷日期／二〇一七年四月
初版四刷日期／二〇一七年四月十八日

ISBN／978-986-406-084-9
定價／三六〇元

AQUARIUS 寶瓶文化事業

愛書人卡

感謝您熱心的為我們填寫，
對您的意見，我們會認真的加以參考，
希望寶瓶文化推出的每一本書，都能得到您的肯定與永遠的支持。

系列：Vision 145　**書名：奪標——千萬業務30年的必勝信念**

1. 姓名：＿＿＿＿＿＿＿＿　性別：□男　□女
2. 生日：＿＿年＿＿月＿＿日
3. 教育程度：□大學以上　□大學　□專科　□高中、高職　□高中職以下
4. 職業：＿＿＿＿
5. 聯絡地址：＿＿＿＿＿＿＿＿＿＿＿＿
   聯絡電話：＿＿＿＿＿＿＿＿　手機：＿＿＿＿＿＿＿＿
6. E-mail信箱：＿＿＿＿＿＿＿＿＿＿＿＿
   □同意　□不同意　免費獲得寶瓶文化叢書訊息
7. 購買日期：＿＿年＿＿月＿＿日
8. 您得知本書的管道：□報紙／雜誌　□電視／電台　□親友介紹　□逛書店　□網路
   □傳單／海報　□廣告　□其他
9. 您在哪裡買到本書：□書店，店名＿＿＿＿＿　□劃撥　□現場活動　□贈書
   □網路購書，網站名稱：＿＿＿＿＿＿　□其他＿＿＿＿＿
10. 對本書的建議：（請填代號　1. 滿意　2. 尚可　3. 再改進，請提供意見）
    內容：＿＿＿＿＿＿＿＿＿＿
    封面：＿＿＿＿＿＿＿＿＿＿
    編排：＿＿＿＿＿＿＿＿＿＿
    其他：＿＿＿＿＿＿＿＿＿＿
    綜合意見：＿＿＿＿＿＿＿＿＿＿＿＿＿＿＿＿＿＿
11. 希望我們未來出版哪一類的書籍：＿＿＿＿＿＿＿＿＿＿＿＿

讓文字與書寫的聲音大鳴大放

寶瓶文化事業股份有限公司

（請沿此虛線剪下）

廣　告　回　函
北區郵政管理局登記
證北台字15345號
免貼郵票

寶瓶文化事業股份有限公司　收

110台北市信義區基隆路一段180號8樓
8F,180 KEELUNG RD.,SEC.1,
TAIPEI.(110)TAIWAN R.O.C.

（請沿虛線對折後寄回，或傳真至02-27495072。謝謝）